LA GUERRE

FRANCO-ALLEMANDE

DANS

LE BLÉSOIS ET LA SOLOGNE

(1870-1871)

NOTES ET SOUVENIRS D'UN TÉMOIN OCULAIRE
PENDANT L'INVASION

Par E. LASNIER

ANCIEN RECEVEUR DES FINANCES

PARIS

ÉMILE LECHEVALIER
LIBRAIRIE HISTORIQUE DES PROVINCES
39, Quai des Grands Augustins

1898

LA GUERRE

FRANCO-ALLEMANDE

DANS

LE BLÉSOIS ET LA SOLOGNE

ERRATA

Page 7, dernière ligne : général de Rayssaire,
lire : *général Rayssaire.*

Page 79, ligne 1 : Dusseldoff,
lire : *Dusseldorf.*

LA GUERRE

FRANCO-ALLEMANDE

DANS

LE BLÉSOIS ET LA SOLOGNE

(1870-1871)

NOTES ET SOUVENIRS D'UN TÉMOIN OCULAIRE
PENDANT L'INVASION

Par E. LASNIER

ANCIEN RECEVEUR DES FINANCES

PARIS

ÉMILE LECHEVALIER

Librairie historique des Provinces

39, Quai des Grands Augustins

1898

INTRODUCTION

Les nombreux ouvrages publiés sur l'occupation allemande en 1870-1871, les encouragements de la presse, notamment l'appel adressé aux lecteurs du *Figaro* (1) par M. Larroumet, membre de l'Institut, m'ont engagé à faire connaître quelques épisodes intéressants dont j'ai été le témoin attristé et qui édifieront les lecteurs sur la conduite des troupes allemandes dans le Blésois.

Le souvenir de certains faits locaux est resté si vivace encore aujourd'hui que leur publication sera, j'en suis sûr, considérée par beaucoup de témoins, encore vivants, comme une marque légitime de l'indignation publique.

Il est bon que les générations futures connaissent les méfaits des armées allemandes, liguées pour écraser notre pays et que ceux qui auront peut-être un jour à le défendre encore, sachent ce qu'étaient leurs ennemis, quelle a été leur conduite sur cette noble terre de France, souillée par leur présence, et à quel degré se sont élevées leurs exigences et leurs rapines envers des populations sans défense.

(1) N° du 10 mai 1896.

Plus d'un quart de siècle a passé sur ces événements douloureux et le souvenir n'en est pas affaibli. Encore un pareil espace de temps et les témoins, les acteurs de cette triste époque se feront de plus en plus rares; c'est pourquoi il m'a paru utile de consigner ici ces notes et ces souvenirs qui, après moi, se seraient infailliblement perdus, tandis que, conservés ainsi, ils pourront devenir plus tard une modeste contribution à l'histoire de cette triste période que l'on a si justement nommée l'Année terrible.

E. L.

Janvier 1898.

I

A la suite du plébiscite qui devait assurer la paix à la France, et de la candidature d'un prince de la maison des Hohenzollern au trône d'Espagne, des dissentiments surgirent avec l'Allemagne guidée par son ministre Bismarck, qui tronquait la fameuse dépêche d'Ems, et la France fut amenée à déclarer la guerre à la Prusse au mois de juillet 1870. Les hostilités commencèrent dès le mois d'août et la nation eut la douleur de subir un envahissement, dû surtout à la supériorité numérique des armées ennemies. Les habitants des villes occupées par les Allemands eurent à supporter des charges onéreuses, des exactions, des vexations doublées de provocations de toute nature dont le sentiment national souffrait dans d'atroces conditions. Blois devait subir le sort des autres villes de France, des faits inhérents à la guerre devaient également s'y passer. Ce sont précisément des faits de cette nature, dont j'ai été l'un des témoins, que je viens révéler pour apporter un appoint au travail de groupement que M. G. Larroumet a signalé dans le *Figaro* du 10 mai 1896, en provoquant le concours des personnes qui voudraient bien l'aider dans sa noble tâche.

Du mois d'août 1870 au 10 septembre suivant, la guerre, avec les excès qu'elle entraîne, se passait dans les départements de l'Est, ce n'est qu'à partir du mois de septembre que l'Orléanais fut envahi. Une première armée de la Loire, placée sous le commandement du général d'Aurelles de Paladine, combattait contre les troupes allemandes commandées par le général Von der Thann. Cette première armée de la Loire avait été organisée au moyen de troupes dont la plus grande partie passait par Blois. Von der Thann occupa Orléans le douze octobre; vers la fin du même mois, les 15e et 16e corps français franchirent la Loire à Blois et à Muides pour reprendre Orléans. A cette époque le ravitaillement de l'armée réclamait le concours du Préfet, de la municipalité, et celui de la Trésorerie générale de Loir-et-Cher, chargée de payer les fournisseurs et la solde des troupes de passage dans le département. Il fallait se rendre compte des mouvements de l'ennemi au moyen de reconnaissances toujours délicates et souvent périlleuses. Cette noble tâche fut assumée par un groupe de cavaliers émérites du Blésois et de la Sologne, possesseurs de chevaux de course dont la vitesse leur permettait de franchir des distances considérables dans un laps de temps extraordinairement court. Parmi ces volontaires figuraient M. Charrier, appelé plus tard à la mairie de Blois, et d'autres propriétaires qui, tous, ne voyant plus à cette heure néfaste que l'intérêt de la patrie, oubliaient leurs différences d'opinions pour s'unir patriotiquement en face d'un même danger. Détail piquant : l'ennemi faisait aussi des reconnaissances, et il arriva plus d'une fois que le déjeuner préparé à Beaugency pour les uhlans et les dragons allemands, fut servi aux éclaireurs Blésois : c'était de bonne guerre.

L'armée française victorieuse à Vallières et à Coulmiers (9 novembre), repoussa l'ennemi jusqu'à Toury, où le général de Longuerue se distingua en chassant les Allemands, et en leur reprenant les troupeaux enlevés aux habitants de la Beauce. Le maréchal-des-logis Chambon, volontaire au 6e dragons, assistait à ce fait d'armes auquel il participa en portant des dépêches, conduite qui lui valut plus tard le grade de sous-lieutenant. Une partie des prisonniers de Coulmiers furent dirigés sur Blois avec deux pièces de canon.

A la suite de l'attaque de Patay par les Allemands, et après avoir soutenu le choc d'une armée plus nombreuse pendant une journée, l'armée française s'installa entre Beaugency et la forêt de Marchenoir. La retraite, commencée après un échec qu'on pourrait presque qualifier de glorieux, étant donné l'héroïsme des soldats qui combattirent dans cette terrible journée, devait amener une réorganisation qui ne se fit pas attendre. Un appel général aux départements non envahis permit au gouvernement de la Défense nationale, installé à Tours, de compléter une deuxième armée de la Loire, dont le quartier-général était à Roche, village situé auprès de la forêt de Marchenoir. La lutte engagée entre les armées allemandes et françaises dura six semaines. Que d'efforts ont été déployés par nos troupes dans les nombreuses attaques de jour et de nuit, que de privations et de souffrances nos jeunes soldats ont dû subir au milieu des terres détrempées et de la neige, par une température de dix degrés de froid!... Les mobiles de la Sarthe (33e régiment), ont perdu à Coulmiers le duc de Luynes, capitaine, et le duc de Chaulnes son beau-frère; ceux de Loir-et-Cher, le capitaine d'Espinay St Luc et le sous-lieutenant Quentin. Sur 2.700 mobiles composant l'effectif du 75e régiment, 1100 seulement seraient, hélas, revenus dans leurs foyers après la campagne.

Les mobiles de la Dordogne dirigés par le colonel Desmaison, les commandants Denoyes du Pouget, Chadois de Toques, assistaient également aux combats meurtriers de Coulmiers et de Patay. Le capitaine de Losse, que j'ai eu le plaisir de recevoir à Blois, avait dû s'arrêter à Maves et gagner Blois pour essayer de reprendre des forces; son repos ne fut pas de longue durée et, à peine rétabli, il recevait l'ordre de rassembler dans la même ville, les débris des trois bataillons, et le 9 décembre au soir, il couchait à Chailles, petit village situé sur la rive gauche de la Loire.

La Trésorerie générale de Blois était en permanence depuis le mois de septembre pour ravitailler, au point de vue financier, les Trésoriers-payeurs des corps d'armée, chargés du paiement de la solde d'une armée de cent vingt mille hommes, composée des 16e, 17e et 21e corps. Ils devaient aussi régler les nombreux fournisseurs, tout en faisant des avances aux comptables des armées, chargés de justifier de leurs dépenses dans le délai d'un mois, mais dont la liquidation en a réclamé quinze. A cette occasion, qu'il me soit permis de faire connaître les exigences des services financiers. Trois commis, indispensables par leur aptitude spéciale, faisaient partie des mobiles de Loir-et-Cher. Leur absence paralysait les divers services ; de plus, mes fonctions personnelles de fondé de pouvoirs, chef des bureaux, réclamaient une présence continuelle à mon poste, où je passais seize heures par jour, en prenant une large part à la tâche imposée à M. Maigne, mon digne et regretté chef; sans compter mon service à la garde nationale mobilisée de la ville, chargée d'assurer l'ordre au moyen de gardes, qui se renouvelaient très souvent.

En présence de ce laborieux cumul, il devenait difficile de mener de front les deux services. Fatigué des tracasseries dont j'étais l'objet, je fis, par l'intermédiaire de mon chef, une démarche auprès des délégués du Gouvernement installé à Tours, qui amena spontanément le rappel des employés à titre de sursis de départ, ainsi que mon maintien au même titre à la Trésorerie générale, mesure qui justifiait si bien la maxime : *l'argent avant la guerre*, et qui fut étendue au personnel des Trésoreries générales dans les départements non occupés par l'ennemi. C'est en vertu d'un ordre du bataillon que cette décision m'a été notifiée par une lettre de l'officier de semaine, M. Briffoteau, en date du 2 novembre 1870. Cette revue rétrospective de la situation de nos nombreux soldats, rappelle à ma mémoire le transport à Blois, non sans difficultés, du général de Rayssaire, blessé à la bataille de Coulmiers, et installé chez M. Parfait-Gaulier, fermier distingué de la commune de Prenouvellon. Ce brave général s'était rappelé l'hospitalité qu'il avait reçue auparavant chez son ami M. Maigne, Trésorier général, ainsi que la promesse qu'il avait faite en quittant Blois d'y revenir en cas de blessure grave. En effet, à la journée de Coulmiers M. Rayssaire fut relevé parmi les blessés, sur le champ de bataille d'Épieds, petite commune rapprochée de Coulmiers. Son transport à la Trésorerie générale s'effectua au moyen d'un omnibus que M. Legeas, son aide de camp, avait pu découvrir. Les soins prodigués par le Docteur Arnoult l'aidèrent à améliorer sa santé et à prendre le dernier train du 9 Décembre 1870, organisé pour les malades.

Les ambulances créées à Blois étaient encombrées de malades et de blessés qu'on dirigeait sur Tours, lorsque leur état le permettait. Les prisonniers allemands étaient également évacués sur la même ville.

Quelques jours après la bataille de Coulmiers, des prisonniers étaient installés dans la halle, au milieu des voitures et des équipages pris à l'ennemi, qui renfermaient des valeurs, des couvertures et autres objets précieux dérobés à nos populations par les soldats Bavarois. Parmi ces objets figuraient un cachet dit coup de poing, au nom de Noé, entrepreneur à Longpont (Seine-et-Oise), et des pendules, que les Bavarois recherchaient avec empressement. Tout leur était bon. Une voiture, dite tapissière, dont la plaque portait le nom de M. Suet, carrossier à Corbeil (Seine-et-Oise), avait été réquisitionnée et gardée par ces *pillards*, ainsi désignés par les cavaliers prussiens. Les familles Noé et Suet habitent encore le département de Seine-et-Oise. C'est à la même époque que les deux pièces de canon prises à Coulmiers ont été expédiées à Blois.

Les 100.000 hommes de renfort envoyés à l'armée allemande qui occupait l'Orléanais, après la reddition de Metz, ne permettaient plus au général Chanzy de conserver ses positions de Roche, Josnes et Beaugency. Une retraite en bon ordre, malgré la mauvaise saison, par la rive droite de la Loire et les vastes plaines de la Beauce blésoise, changea la face des événements, en installant les troupes à Châteaurenault et dans les villages de St-Amand, Lunay, Montoire, Trôo, Lancé, Villeromain et Villetrun, situés entre Chateaurenault et Vendôme. Blois, ville ouverte, fut abandonnée et resta sous la menace d'un bombardement par les troupes allemandes, dans des conditions que je rappellerai plus loin et qui confirmeront les notes de Monseigneur Pallu du Parc, évêque de Blois, publiées récemment dans un journal blésois, l'*Écho du Centre*.

Le 10 Décembre 1870, à 6 heures du matin, sur l'ordre de Gambetta, on fit sauter une arche du pont. Dans la même journée, des forces allemandes, au nombre de 45.000 hommes, parurent sur la rive gauche de la Loire ; leur camp était établi sur le plateau de Vineuil ; c'était le 9e corps commandé par le prince de Hesse. Vers les trois heures du soir, des compagnies enveloppaient le faubourg de Vienne. Protégés par les parapets élevés du fleuve, les soldats français installés sur la rive droite, composés d'infanterie, de francs-tireurs et de gardes nationaux mobilisés, parmi lesquels figurait M. Amédée Contant, tué dans les combles de l'Hôtel-de-Ville, dirigeaient leurs feux sur les allemands. De son côté, l'ennemi disposait quelques pièces d'artillerie dans la prairie de Vineuil et lançait des grenades : c'était le bombardement de la ville. L'évêque de Blois intervint auprès du général Barry pour obtenir un armistice qui lui fut refusé. Sur de nouvelles instances, et pour éviter un bombardement pendant la nuit, le général Barry fit demander un sursis au général allemand, par l'intermédiaire du général Michaux, commandant le département. Vingt-cinq minutes furent accordées, réponse dérisoire qui fit sans doute réfléchir le général hessois, puisque le bombardement cessa ; mais une grande panique régnait dans la ville. Ce n'est que le lendemain matin qu'on put se rendre compte des désastres constatés dans plusieurs maisons, notamment dans celle de M. l'abbé Pigé. Un boulet avait pénétré dans la cuisine de M. Massé, avoué Place St-Louis, sans atteindre la domestique, qui fut seulement renversée par la commotion. Des balles atteignaient la gare du chemin de fer, la butte des Capucins, le coteau des Grouëts, et la maison que j'habitais, dont les fenêtres avaient été protégées au moyen de matelas. Un ordre de la mairie enjoignit aux gardes nationaux de déposer leurs fusils à la gare, où un train était préparé pour les recevoir et les conduire à Tours.

Dans la nuit du 10 au 11 décembre, des batteries

d'artillerie française furent placées sur la terrasse de l'évêché ; des dispositions devaient être prises auprès de ma maison pour l'installation de nouvelles batteries, tout se disposait donc pour la défense de la ville, et un bombardement du côté des Allemands. On parlementa de nouveau sans résultat. Ce n'est que dans la nuit du 11 au 12 décembre qu'un ordre de départ des troupes françaises parvint : elles prirent la route d'Herbault, où elles passaient à 6 heures du matin pour se rendre dans la direction de Montoire, par les communes de Françaís, Gombergean et St-Amand.

Les armées du Prince Frédéric-Charles et du grand-duc de Mecklembourg se dirigeaient sur Blois par la rive droite du fleuve, pour écraser l'armée de la Loire à l'aide du 9e corps allemand qui occupait la rive gauche jusqu'au pont de Blois. Ce corps d'armée, commandé par le prince de Hesse, avait pour objectif de prendre l'armée de Chanzy à revers et de l'envelopper par un mouvement tournant, plan qui devait échouer par la destruction d'une des arches du pont. La résistance imposée par Gambetta dans un conseil de guerre tenu à Blois le 10 décembre, plaçait la ville dans une situation désastreuse, que l'Évêque de Blois a conjurée par une courageuse intervention, tandis que Gambetta se réinstallait à Tours ; mais elle avait arrêté la marche du 9e corps allemand.

Le 12 décembre, le général Chanzy ralliait ses troupes sur le Loir avec le général Morandy, qui attendait le général Barry, prévenu par le commandant en chef. Le mardi 13, les troupes allemandes se présentaient, à 10 heures du matin, devant Blois où régnaient l'inquiétude et une effervescence douloureuse. Le 10e corps allemand explorait la forêt de Blois jusqu'a Herbault; le 9e, placé sur la rive gauche de la Loire, négociait les conditions de son entrée à Blois.

Le Préfet, qui avait prescrit la défense en faisant détruire, bien inutilement, les routes et en crénelant les murs du parc de Ménars, organisait son départ sur Vendôme et Romorantin.

M. Pousset, maire délégué, resta à son poste. Le même jour, les Allemands de la rive gauche du fleuve, déployèrent le drapeau parlementaire pour entrer en négociations avec le Maire et M. Boullet, commissaire de police ; rendez-vous fut pris en Vienne (faubourg de la Sologne), pour onze heures. Une barque mise à leur disposition les transporta dans ce faubourg avec deux conseillers municipaux (1). Le passage par Blois fut décidé. Les personnes détentrices d'armes furent invitées à les déposer à la mairie, d'où on les transporta sur le milieu du pont pour les jeter dans la Loire, après toutefois, que les officiers prussiens eurent fait leur choix parmi les fusils de chasse, selon l'usage adopté par ces honnêtes allemands. Il avait été convenu que le maire s'occuperait du logement des soldats, le général en chef s'y opposa ; les sous-officiers allemands visitèrent les maisons en marquant à la craie sur les portes d'entrée, le nombre des hommes et des chevaux à loger et à nourrir, en vertu de la convention. Des affiches placées dans la ville reproduisaient les ordonnan-

(1) *Journal du Centre*, 11 mars 1897.

ces et réglements du général en chef du 10e corps d'armée : Les monnaies de Prusse seront reçues en paiement. La peine de mort sera prononcée contre ceux qui cachent des soldats, ceux qui les guident ou indiquent de fausses routes, ceux qui, sans être de l'armée française, tuent, blessent ou volent les soldats allemands, ceux qui détruisent les ponts, les canaux, etc. etc.

Une autre affiche était ainsi conçue :

« Ordre du jour »

Dans toutes les communes occupées par les troupes sous mes ordres, les hommes et les chevaux seront nourris par les habitants.

On devra donner chaque jour :

Aux sous-officiers et aux soldats, à midi, une soupe, 500 grammes de viande, un plat de légumes, un demi litre de vin ; le soir, une soupe, 200 grammes de viande ou de fromage. Le matin, du café avec du sucre. Chaque jour, un kilogramme de pain et 100 grammes de beurre.

Aux officiers,

Le matin, un déjeûner de café ou de thé avec pain et beurre. A midi, un dîner composé d'une soupe, d'un plat de légumes avec de la viande, d'un rôti et d'un litre de vin. Le soir, une soupe, du thé avec du beurre et du pain. Viande froide, ou un plat chaud avec de la viande.

Pour chaque cheval,

Six kilogrammes d'avoine, trois kilogrammes de paille et trois kilogrammes de foin.

Le général en chef,

DE VOIGTS RHETZ.

Les Allemands se reposèrent le 14 décembre pendant que le général Chanzy cherchait à s'organiser pour tenter une entreprise sur Chartres, effort inutile, attendu que ce jour-là, le duc de Mecklembourg faisait attaquer le 21e corps français près de Morée, Fréteval et Lignières. Une partie du 10e corps allemand quitta Blois le 15 décembre, pour rejoindre Frédéric-Charles, du côté de Villeromain, village situé à 8 kilomètres de Vendôme.

Les premiers Prussiens installés à Blois, n'y firent qu'un séjour de quarante-huit heures, du moins la plus grande partie. Laissons ces préliminaires du passage des Allemands à Blois, pour donner une idée du tableau d'une ville assiégée, avec un commencement de bombardement.

La nouvelle du bombardement a jeté la panique dans la ville, les habitants, sous le coup d'une émotion facile à comprendre, n'avaient pas le temps nécessaire pour se mettre en lieu de sûreté. La situation de Blois est connue; située sur deux coteaux où s'étagent les divers quartiers de la ville, c'était dans les caves, formant sous-sols, que les habitants s'étaient installés. A la lueur des lampes on formait des groupes pour éviter les projectiles. Des vivres et ustensiles de cuisine, des matelas, ont permis de passer ainsi deux nuits et une journée dans la plus grande anxiété. Malgré la neige et une baisse sensible de la température, des malades étaient évacués au moyen de camions et de brouettes sur les habitations qui bordent la forêt de Blois et dans la forêt elle-même. La rue des Grouëts qui y conduit, située à l'extrémité nord-ouest de la ville, offrait un spectacle navrant :

on assistait à un déménagement avec les horreurs d'une fuite précipitée; l'éclairage de la ville supprimé, les rues encombrées de détritus qui gênaient la circulation ; enfin des maisons entières étaient abandonnées par les propriétaires et locataires, pour n'être réoccupées qu'à la cessation des hostilités. Cet abandon leur a été très préjudiciable, en ce sens, que toute maison inhabitée a été livrée au pillage; on brisait les portes et les fenêtres, au besoin on les brûlait. Si des cachettes organisées pendant la nuit étaient découvertes, l'ennemi s'en emparait; les soldats les recherchaient au moyen de leurs baïonnettes, en fouillant la terre des jardins. Ce fait s'est passé chez moi, qui subissais en outre des perquisitions de nuit, opérées par les hommes de garde aux avant-postes. Dans ce dernier cas, j'avais recours aux soldats installés dans mon salon, pour me débarrasser des rôdeurs et des pillards qui se déguisaient à l'aide de fausses barbes, de crainte d'être signalés à leurs chefs.

L'entrée des soldats allemands chez M. Thomas, percepteur de Blois, atteint de surdité depuis son enfance, lui fit recouvrer instantanément l'ouïe, mais huit jours après il mourait des suites de la frayeur éprouvée. Un peu plus tard, sa femme le suivait dans sa dernière demeure.

La dévastation régnait à Blois, dans toute son ignominie; chez M. Girault, vice-président du Tribunal civil, trente soldats le menaçaient et l'insultaient, forçant les meubles et s'emparant d'une montre et des bijoux. Chassé de chez lui avec sa famille, un voisin les recueillit par dix degrés de froid. Chez M. Giret, les uhlans installèrent leurs chevaux dans une cuisine, après avoir pris la chambre et le lit de madame Giret. La maison de M. de Bersy, rue des Domaines, a été transformée en abattoir, le pillage y régnait ainsi que chez M. Brault. En présence de ce désordre, les cultivateurs de la banlieue et les vignerons vendaient leur bétail aux bouchers de la ville à vil prix (1).

Le 16 décembre 1870, le pont de Blois est rendu à la circulation, malgré les difficultés éprouvées: les eaux du fleuve étant très élevées. M. Jollois, ingénieur, requis par les Allemands, quoique atteint d'une entorse, surveillait les travaux, aidé de ses conducteurs. L'armée du prince de Hesse franchit le pont pour rejoindre les environs de Vendôme. L'infanterie, l'artillerie et la cavalerie bivouaquaient sur les trois routes qui convergent vers Vendôme. Le 10e corps avait Tours pour objectif, par Châteaurenault. A Blois de nouvelles troupes, mais en plus grand nombre, remplaçaient les premières, les habitants étaient écrasés de charges ; des bruits de victoire circulaient, exaspérant les chefs prussiens; des blessés français et allemands étaient dirigés sur l'hôpital de Blois, des prisonniers français les suivaient, on les reléguaau petit séminaire et dans l'église Saint-Nicolas. Parmi eux se trouvait M. Renou-Ménier, maire de Lancé, village où une patrouille allemande avait été surprise par les Français; des habitants, porteurs de vêtements, facilitaient la fuite des prisonniers, malgré la vigilance des soldats.

(1) *Les Prussiens à Blois, ou trois mois d'occupation*, par Dufresne, rédacteur en chef de l'*Avenir de Loir-et-Cher*. Blois, s. d.

Monseigneur l'Evêque intervenait souvent auprès des chefs de corps et du général en chef pour obtenir la mise en liberté de personnes qui lui étaient signalées, notamment celle du curé et du maire de Limay, près Tours. Le froid et la neige sévissaient depuis les premiers jours de décembre. Le 13, un commencement de dégel s'était produit, mais dès le 20, le froid avait repris avec une recrudescence effroyable.

Pour faire reposer les troupes le jour de Noël, les Allemands avaient organisé un service protestant à St-Nicolas et à St-Vincent. Le soir, de copieuses libations eurent lieu. Un arbre de Noël enrubanné et éclairé de bougies fut placé dans le salon de la Trésorerie générale. Les officiers, déguisés avec des costumes de dame qu'ils avaient découverts dans la maison, se livraient à des scènes regrettables, pendant que nos malheureux soldats avaient pour abri de modestes tentes. Ce tableau pénible augmentait encore les souffrances morales des habitants. Le froid sévit avec rigueur, les vivres augmentèrent de prix, néanmoins les opérations militaires continuèrent. Le 31 décembre à 6 heures du soir, une alerte fut annoncée au moyen de sifflets. Les troupes allemandes, réunies en très peu de temps, prirent la route de Vendôme, le canon et les mitrailleuses furent entendus pendant six jours. Le septième jour, nous recueillîmes des soldats dont les compagnies avaient beaucoup souffert dans les combats livrés par nos troupes dans les communes de Montoire, Trôo et Saint-Amand. Les ambulances étaient encombrées de malades français et allemands ; on voulut faire évacuer les blessés français dans leurs familles, à la condition de ne pas servir la France avant quinze ou vingt jours, délai qui semblait nécessaire aux allemands pour arriver au succès. Le sentiment national s'y opposa, nos soldats refusèrent ces propositions déshonorantes et anti-patriotiques.

Dès le 20 décembre, le commandant de place, M. Cordeman, avait adjoint d'office à la commission municipale MM. Pernet, Besnard, Lemaignen, Refoulé, Riffault, qui demandèrent et obtinrent le concours des membres composant l'ancien conseil municipal. La commission municipale résistait aux demandes incessantes des officiers supérieurs prussiens, notamment par l'organe de M. Chavigny qui fut arrêté, conduit à la gare et dirigé sur Orléans ; il ne devait plus revenir, hélas ! Son collègue M. Pousset, monté dans son wagon, dut en descendre par ordre et reconduisit madame Chavigny, qui avait assisté à cette scène déchirante. Je vois encore le chef de gare prussien, poignard à la ceinture, menaçant la population de ses foudres. La mairie, qui était fermée, fut rouverte pour procéder à une distribution de pain aux indigents et aux habitants dénués de ressources. La neige et le froid augmentaient encore les souffrances et les misères à soulager. Des bruits vagues, provenant des Prussiens, laissaient espérer une paix prochaine, lorsque, le 26 Janvier 1871, des uhlans en reconnaissance signalèrent une armée française à Cellettes, commune située en Sologne, à 8 kilomètres de Blois. C'est sur le pont de cette commune que, le 27 du même mois, le sous-lieutenant de St-Julien, à la tête d'un peloton de chasseurs à cheval, entraîna ses hommes au galop sur une barricade que l'on y avait élevée : une balle lui traversa la poitrine, mais les allemands abandonnèrent la position (1).

Le surlendemain M. Pousset, maire, est arrêté et conduit à Orléans et de là en Allemagne avec M. Chavigny. Ce même jour, 28 janvier 1871, date de l'armistice, le général Pourcet, chargé de chasser les Prussiens de la rive gauche de la Loire, dirigeait une partie du 25e corps, qu'il commanda en personne, sur le faubourg de Vienne qui aboutit au pont de la ville. L'artillerie, placée sur le coteau de St-Gervais, lançait des obus sur les places de la ville ; la garnison allemande qui l'occupait, avec les renforts expédiés de Beaugency à marche forcée, se rendit sur les quais et dans le faubourg. Une défense énergique fut organisée.

Sur la rive gauche du fleuve, les mobilisés de l'Indre, les chasseurs à pied, des bataillons de ligne et de la cavalerie occupaient les rives de la petite rivière du Cosson, faisant face au faubourg, tandis qu'une colonne remontait le cours de la Loire par le chemin de halage, munie de deux pièces de canon et d'une mitrailleuse dont les coups étaient dirigés sur le pont, où un certain nombre d'allemands furent atteints. Après des efforts héroïques, mêlés de luttes corps à corps, nos soldats, entraînés par des chefs intrépides, enlèvent les positions de l'ennemi qui abandonne les maisons, les quais et fait mettre le feu sans succès aux deux mines pratiquées sous les arches ; mais le bûcher

(1) Général Pourcet, *Campagne de la Loire*, page 129.

préparé à cet effet détruisit la passerelle établie sur le pont. Notre armée resta victorieuse et maîtresse de la rive gauche de la Loire, après avoir fait cent prisonniers. Pour arriver à ce résultat nos troupes éprouvèrent des pertes cruelles, chaque maison étant une forteresse à enlever ; c'est dans l'une d'elles, située avenue Saint-Gervais, que M. Louet, Intendant-général du 25e corps, fit, revolver au poing, sept prisonniers. M. Louet avait été nommé Trésorier général à Foix ; son installation n'ayant pu avoir lieu, il avait été attaché au 25e corps en qualité d'Intendant général, fonction qu'il avait occupée au Mexique. Ces services militaires lui valurent la croix de commandeur de la Légion d'honneur, juste récompense de son courageux dévoûment.

De son côté l'ennemi perdit un grand nombre d'hommes parmi lesquels plusieurs officiers.

A la suite de ce glorieux combat, deux amis, jeunes soldats français du corps du général Pourcet, cherchaient un gîte pour y passer la nuit ; mais toutes les maisons étaient occupées et, harassés de fatigue, ne trouvant rien, ils se résignèrent, faute de mieux, à s'appuyer contre une grande porte pour tâcher d'y dormir. Mais peu après, la porte s'ouvrit subitement et, l'appui leur manquant, ils tombèrent à la renverse. Un vieillard, une lanterne à la main, les regardait d'un œil bienveillant. Les explications ne furent pas longues, leur hôte de hasard les fit entrer, les installa devant un bon feu, avec une écuelle de soupe fumante sur les genoux. Pour arroser leur repas, le bon vieux, qui avait servi autrefois, déboucha une bouteille de Vouvray, qu'on but à la France et à la santé du fils de la maison qui, parti lui aussi, était avec les mobiles de l'armée de Chanzy. Nos jeunes soldats n'eurent pas lieu de regretter l'abri de la grande porte, et le lendemain matin, frais et dispos, et après un bon déjeûner, arrosé encore de l'excellent Vouvray, il fallut se séparer de cette bonne famille qui les avait si bien accueillis. Les adieux furent touchants et nos jeunes soldats partirent tout émus et pleins de reconnaissance pour les bons soins dont les avaient entourés ces braves gens.

L'un de ces deux soldats, M. Gustave Larroumet, aujourd'hui secrétaire perpétuel de l'Académie des beaux-arts, a raconté cet épisode dans le *Figaro* du 28 janvier 1896, date anniversaire du combat du faubourg de Vienne, à Blois. Nous renvoyons les lecteurs à ce charmant récit plein de cœur, où l'auteur aime à rappeler les bons et les mauvais jours passés avec son camarade, qui est devenu, non pas académicien comme son ami, mais professeur de français à Buenos-Ayres.

L'armistice, connu dans la nuit, obligeait les vainqueurs à abandonner le terrain conquis ; nos troupes durent donc s'éloigner et les Prussiens rentrèrent dans la ville, mais, mécontents de leur défaite, ils exercèrent leur mauvaise humeur sur les habitants; la situation devenait difficile, on craignait la reprise des hostilités. Au bruit du canon, la cavalerie qui faisait partie de la garnison avait fait évacuer les chariots et les fourgons sur la Place de la Préfecture, préparant ainsi la fuite. Pour la nuit on redoutait les excès des soldats qui parcouraient la ville et gardaient les quais ; là les maisons étaient occupées, les murs crénelés et les portes barricadées. On ne pouvait s'approcher du pont sans être maltraité. Le colonel des uhlans de Bulow, un pistolet à la main, faisait la police des rues. Plusieurs personnes furent blessées, entre autres, Madame Boyer, dont la boulangerie fut envahie dès le matin du 29 Janvier 1871, par une soldatesque en furie qui la maltraita indignement. M. Foucault, ébéniste, reçut un coup de feu en gagnant son domicile. M. Souchet, accoudé à sa fenêtre, essuya un coup de pistolet d'un uhlan qui passait, mais la balle ne l'atteignit pas. Dans ces conditions, il devenait difficile, dangereux même de sortir pour se procurer des vivres, car les patrouilles parcouraient la ville en tous sens. La nuit se passa ainsi dans les transes et bien peu d'habitants purent goûter le repos du sommeil.

Le 30 Janvier, 6 pièces d'artillerie et 1500 soldats allemands arrivèrent à Blois ; 2 pièces placées au sommet de l'escalier monumental étaient destinées à la destruction du faubourg de Vienne, et au besoin, d'une partie de la ville. L'armée française était au repos. L'armistice, pressenti dans la ville, est annoncé aux Allemands par un télégramme daté de Versailles. La commission municipale se réunit, mais, en présence de la défense organisée par les Prussiens, elle ne crut pas à cette nouvelle ; toutefois, elle décida de demander au commandant de place l'autorisation de passer en barque sur la rive gauche du fleuve. Cette permission obtenue, MM. Dufay et Poulain se rendirent auprès du colonel Fourcault, qui leur confirma la cessation des hostilités. Ces messieurs repassèrent le fleuve, accompagnés du colonel Fourcault et de l'Intendant général Louet, du 25e corps, pour traiter d'un *modus vivendi,* en attendant que les conventions de l'armistice fussent connues. Les troupes devaient être nourries par l'intendance prussienne, mais la question du casernement resta en litige.

L'entrevue du colonel Fourcault et des officiers allemands à l'hôtel d'Angleterre, fut suivie de scènes regrettables. De midi à trois heures, les habitants se groupèrent et, parmi eux se trouvaient des soldats en promenade ; des cris se font entendre à l'arrivée et à la sortie du colonel français, on crie : vive la France ! vive la République ! un certain tumulte se produit, le colonel prend la parole et peut à peine se faire entendre ; on a dit qu'il exhortait la population au calme. C'est alors que les soldats allemands dégainent et frappent les habitants éperdus qui cherchent des issues pour se sauver ; j'étais du nombre. Dans leur fuite, ils sont frappés sans pitié par d'autres soldats en état d'ivresse et pleins de fureur, c'étaient les Prussiens du 16e régiment d'infanterie. Un jeune enfant de 12 ans, pour éviter un coup de sabre, eut le poignet coupé. Seuls les soldats de service restèrent calmes.

L'Intendant général Louet visita les ambulances ; sa présence ranima le courage des malheureux blessés ; puis on procéda à des échanges de prisonniers au moyen de barques. Les conditions de l'armistice ne furent connues qu'après le départ du colonel Fourcault. Le département de Loir-et-Cher restait occupé jusqu'aux limites du Cher.

Afin de rétablir la communication entre les deux rives du fleuve, on reconstruisit la passerelle qui avait été détruite par le feu. La circulation des voitures est autorisée le 4 février 1871 ; j'en profite pour me rendre à Romorantin, accompagné de M. Chevallier, receveur des hospices, à l'effet d'obtenir les fonds nécessaires pour désintéresser en partie les créanciers de l'État, de la ville et des établissements de bienfaisance. Pour franchir les 44 kilomètres qui séparent Blois de Romorantin, nous avions à notre disposition une voiture attelée d'un malheureux cheval qui pouvait à peine marcher. A notre retour, nous avons dû suivre la voiture à pied. Les valeurs qui nous avaient été confiées, renfermées dans du fort papier, formaient un paquet qui ne pouvait attirer l'attention des traînards, trop nombreux sur une route où les villages sont séparés par une distance de 12 à 16 kilomètres. A Romorantin, j'avais retrouvé M. Maigne, Trésorier général, qui assurait son service, dans les limites possibles, sur les parties de la région non occupées par l'ennemi.

Au dîner offert par l'aimable receveur des finances de Romorantin, M. Ménessier-Nodier, plusieurs officiers d'artillerie désiraient connaître les résultats de leur tir, dirigé sur les places publiques de Blois. La réponse était facile. Un obus avait pénétré dans la maison de M. Jouanneau, tailleur, place Louis XII, trois autres étaient tombés dans la cour du Collège, située sur la même place ; la maison de Mme de Lamarlier, place du Château, avait été atteinte. Sur la place de la Préfecture, les projectiles jetaient le désordre dans la cavalerie allemande en fuite. La rue Bourreau, qui conduit à la Trésorerie générale, située à l'ouest de la ville et à mi-côte dans la direction de la gare, est garnie de maisons ayant une perspective sur le fleuve et le val ; de l'autre côté ce sont des caves profondes creusées dans le coteau, sur lequel les balles et les obus s'arrêtaient. Les habitants du quartier y trouvèrent un refuge à l'époque des deux bombardements. Le tir de l'artillerie française dénotait une précision remarquable que j'ai portée à la connaissance de ces officiers, parmi lesquels se trouvait probablement M. le général Zurlinden, alors chef d'escadron et aujourd'hui Gouverneur de Paris.

ARMISTICE

Dans le courant du mois de janvier 1871, sur l'ordre du Gouvernement, le Préfet prit un arrêté qui interdisait aux bouchers, aux marchands de comestibles de Blois, de faire des achats sur les marchés des villes du département, non envahies, et des départements limitrophes. Cette mesure avait amené un renchérissement élevé des objets de consommation ; les suites auraient pu en être très graves pour les habitants de Blois et désastreuses pour les communes qui l'entourent. Les réquisitions prussiennes auraient été continuées sur une plus grande échelle ; l'armistice évita heureusement l'exécution de cette décision, et, cependant, malgré les conventions, de nouvelles réquisitions ont été faites et les troupes ont été nourries et logées comme par le passé.

Le jour de l'attaque du faubourg, un uhlan avait été tué par un paysan inconnu; par suite, une nouvelle amende de 200.000 francs fut infligée à la commune de Blois, dont 100.000 francs payables le 1er février. Ce paiement n'ayant pu avoir lieu, M. Corbin, juge d'instruction et M. Eugène Lemaignen furent conduits comme otages à Orléans. En raison de ses fonctions judiciaires, M. Corbin fut renvoyé à Blois et remplacé par M. Lefebvre de Villequetout. Ces otages ne furent rendus qu'après un paiement de 180.000 francs, le préfet prussien ayant obtenu du Prince Frédéric-Charles la réduction de dix pour cent réclamée par les délégués de la commission municipale qui payaient comptant. Une première amende de 200.000 francs avait déjà été infligée à la ville de Blois pour un prussien tué par un étranger à la ville, mais sur les démarches de MM. Chavigny et Pousset et le rapport favorable du Préfet allemand, cette amende n'avait pas été exigée par le prince Frédéric-Charles.

Pendant l'armistice, des réquisitions furent encore faites dans les campagnes par les uhlans ; les cultivateurs pensaient avec raison que la force ne primait plus le droit. Des refus énergiques étaient opposés à l'enlèvement des grains et fourrages, comme à Saint-Bohaire, commune située à huit kilomètres de Blois ; là des soldats Allemands en reconnaissance auraient essuyé des coups de feu, tirés le 2 février, par des personnes restées inconnues ; on ignore encore si des soldats furent atteints, mais, le lendemain 3 février 1871, une compagnie d'infanterie se présenta dans la commune. Le cantonnier Machefert fut tué, la maison de M. Broquet, maréchal-ferrant et le château de M. Noël furent incendiés ; les habitants, poursuivis comme des bêtes fauves, abandonnèrent leurs maisons. Le même jour, dix-huit habitants de cette commune, presque tous pères de famille, furent conduits à Blois, pieds nus, et attachés les uns aux autres !

Après une détention de huit jours à la mairie de Blois, 14 d'entre eux ont été relâchés, les quatre autres furent emmenés en Prusse. Voici leurs noms : MM. Jacques Picardeau, cultivateur, Rentien, débitant, Théodore Colas, cantonnier de l'Etat, et Broquet, maréchal-ferrant. Après de nombreux interrogatoires, le conseil de guerre prussien siégeant à Blois, les condamna à la peine de mort. Sur les démarches réitérées de M. le comte de Salaberry, propriétaire du château de Fossé, commune limitrophe de Saint-Bohaire, le jugement de Blois a été révisé à Artenay et converti en dix années de travaux forcés. Pour gagner Artenay, commune du Loiret, près d'Orléans, ces quatre malheureux furent dirigés de Blois sur Vouvray, où on les enferma dans une cave pendant deux jours sans leur donner à manger. Ils quittèrent Vouvray pour se rendre à Monnaie et à Laferrière, puis à Chateaurenault, communes d'Indre-et-Loire.

Ils arrivèrent à Herbault (Loir-et-Cher), épuisés de fatigues. M. de Rancougne, maire, les fit soigner. A Marchenoir, ils purent manger à leurs frais et ils continuèrent leur route par le hameau de Villemuzar, escortés par quatre soldats et un caporal. Ils pensaient à une évasion, mais leurs forces étaient épuisées ; néanmoins ils arrivèrent à Beaugency, où ils furent enfermés, les mains liées, et après avoir été frappés. M. de Salaberry les retrouva à la gare d'Orléans ; il ajouta à ses consolations les subsides nécessaires pour aider ces infortunées victimes de la guerre dans leur triste voyage. Arrivés à Corbeil (Seine-et-Oise), le gardien de la prison, M. Garnier, eut pour eux des égards dont ils gardent encore le souvenir. Enfin on les dirigea sur l'Allemagne où ils furent internés à Cologne. Là on les employa aux forges à fabriquer des chaînes destinées aux animaux, moyennant six centimes par jour, du pain noir, une chope de bière, des haricots, pommes de terre, etc. etc... Dans le trajet de Corbeil à Strasbourg, un officier prussien descendait aux gares et s'intéressait à leur situation. M. Picardeau, l'un des condamnés, se plaît à le rappeler. La conduite de ce dernier envers ses camarades qu'il guidait, doit être citée, car il a préféré partager la captivité de ses amis que de répondre aux questions qui lui étaient adressées ; c'est un noble cœur qui a bien mérité de son pays ; il attend encore la récompense de sa belle conduite.

Après dix-huit mois de captivité, l'Empereur d'Allemagne gracia ces malheureuses victimes de la guerre (1).

Un autre fait qui aurait dû précéder dans ces notes celui de St-Bohaire, doit être rappelé ici pour ne pas tomber dans l'oubli.

(1) C'est de M. Picardeau lui-même que nous tenons ces détails.

Le bourg d'Herbault, chef-lieu de canton de l'arrondissement de Blois, envahi plusieurs fois par une partie du 10e corps prussien, a été le théâtre d'événements graves. Après le départ des troupes françaises dirigées sur Saint-Amand, Montoire et autres villages, des reconnaissances étaient faites par les uhlans cantonnés à Orchaise, commune située entre Blois et Herbault. De leur côté, les chasseurs à cheval français, installés à Châteaurenault, visitaient Herbault où ils apportaient la joie parmi les habitants, avec l'espoir de jours plus heureux. La conséquence de ces reconnaissances alternées ne se fit pas attendre. Entrés dans Herbault, le 1er janvier 1871, les chasseurs ne restèrent que le temps nécessaire pour recueillir les renseignements demandés par le général français ; mais le patriotisme des habitants avait été excité par leur présence, l'un d'eux attendit le retour de la reconnaissance allemande. Prévenu par le bruit de la cavalerie, il tua d'un coup de fusil l'un des hommes du détachement. Quelques heures s'étaient à peine écoulées, qu'une nombreuse troupe allemande, composée de cavalerie et d'infanterie, prenait possession du bourg d'Herbault.

M. de Rancougne, maire, et l'abbé Girard, curé, convoqués par un officier, furent mis en demeure de faire connaître le *franc-tireur* qui avait tiré sur la reconnaissance. Après des explications qui ne furent point prises en considération, le curé fut mis en liberté et M. de Rancougne fut emmené en obtenant la faveur de faire atteler sa voiture. Un piquet de cavalerie le conduisit à Blois comme otage, après toutefois l'avoir fait arrêter devant sa ferme, où les soldats enduisaient les bâtiments de pétrole. Sur un nouveau refus de M. de Rancougne de se prononcer sur la question qui lui était posée, le feu fut mis à sa propriété sous ses yeux : représaille inqualifiable ! Enfin sous le fallacieux prétexte de rechercher le *franc-tireur*, les fantassins prussiens se livrèrent au pillage, brisant tout sur leur passage ; ils ne furent arrêtés dans leur vandalisme que par l'apparition d'un détachement français envoyé par le général commandant à Châteaurenault. Quelques coups de fusil tirés par nos soldats suffirent pour chasser ces pillards, poursuivis par trois ou quatre cavaliers français, chargés de reconnaître la place. Déjà une épaisse fumée couvrait le village, lorsque la population valide se rendit spontanément à la ferme, sous la direction de M. Hahusseau, percepteur de la localité, qui montra un courage et un dévouement exemplaires. Grâce à leurs efforts, paralysés par les hommes d'un détachement prussien qui s'était dissimulé, et par l'eau qui se congelait dans les tuyaux de la pompe, l'habitation du fermier et une partie de la ferme où se trouvaient des objets de valeurs, furent préservés. C'était pour M. de Rancougne, l'expression de la reconnaissance de ces courageux citoyens. Une seule personne faisait défaut dans cette malheureuse circonstance, elle ne mérite que l'oubli.

Les notables se réunirent pour obtenir la liberté de M. de Rancougne, des mesures étaient déjà prises lorsqu'on apprit, par lui-même, que le général allemand la lui avait accordée.

En passant à Orchaise, M. de Rancougne avait

traité de la rançon d'un cafetier d'Herbault, M. Deréchau, qui devint maire de la commune quelques années après.

Le 4 février, M. Lecanu, préfet, revint à Blois, d'où il fut expulsé par le colonel prussien ; le 8 du même mois, on procéda aux élections. Le 17 février, le prince royal de Prusse, attendu à Blois, se présenta chez l'Evêque qui, sur la demande de messieurs Riffault et Pernet, profita de cette circonstance pour l'entretenir de la nouvelle rançon imposée à la ville. Le prince se chargea d'en référer au gouvernement prussien et prit l'engagement de faire tout ce qu'il pourrait pour répondre aux désirs de l'Evêque (1). Le 18 février 130.000 fr. furent versés au colonel prussien, soit, avec les 50.000 fr. déjà remis, 180.000 fr. pour un homme tué.

Indépendamment de cette amende, une contribution de guerre de 800.000 fr., avait été imposée à la ville de Blois le 25 janvier 1871, au moment même où l'armistice, connu des Allemands, était sur le point de se conclure. M. Riffault, ancien maire de Blois, se chargea d'aller faire des négociations à Orléans, qui aboutirent à une réduction de 400.000 fr. De nouvelles démarches auprès de M. de Granach, préfet prussien installé à Blois, restèrent sans résultat ; ce fonctionnaire accusé d'être trop conciliant, devait être remplacé provisoirement par un officier de dragons nommé Schuler, chargé d'exiger la somme imposée, en menaçant les habitants d'excès sur leurs personnes et d'incendier la ville

(1) *Echo du Centre*, 31 juillet 1897.

si la somme demandée n'était pas payée sans délai. Ces menaces des autorités prussiennes n'étaient que de l'intimidation, on doit le supposer, puisque la fermeté et l'énergie montrées par MM. Riffault et Pernet en présence de M. de Granach, facilitèrent la réduction de la contribution de guerre, ramenée en dernier lieu à 200.000 fr., pour le paiement de laquelle des garanties furent données le 24 février 1871, par des valeurs à ordre, revêtues des signatures des notables de Blois. Après mûres réflexions, le Préfet consentit à ce mode de libération et accorda dix jours pour la négociation des valeurs, souscrites soit à Nantes, soit à Bordeaux.

Quelques jours après, M. Petit-Léturgeon, banquier, et M. Chambert, receveur municipal, envoyés à Nantes et intentionnellement retardés, revinrent à Blois porteurs des 200.000 francs, mais la paix était signée et, par suite la ville se trouvait dégagée du paiement de cette nouvelle contribution de guerre; cependant les réquisitions imposées à diverses reprises la remplacèrent plusieurs fois.

Des communes voisines ont obtenu des diminutions, notamment Herbault, qui obtint remise de la totalité des sommes versées; mais celle de Mont n'ayant pu verser aucune somme, le village fut livré au pillage des cavaliers. Un semblable acte de dévastation ne sera pas oublié par les futures générations, du moins nous l'espérons.

Le 26 février, jour de la prorogation de l'armistice, des mesures devaient être prises par les Prussiens pour continuer la guerre, si les projets de paix ne se réalisaient pas. C'est ainsi que la passerelle du pont fut enduite de goudron, un nouveau bûcher préparé, un ordre du jour très sévère affiché, enjoignant aux habitants, en cas d'alerte, de se retirer dans leurs maisons et de n'en fermer les portes qu'autant qu'une manifestation se produirait. Le 28 février toute incertitude avait cessé. On apprit par les Prussiens la ratification des préliminaires de la paix par l'Assemblée nationale. Les soldats allemands témoignaient leur joie par des hourras et des actes d'intempérance conformes à leurs grossiers instincts. La population, frappée par l'humiliation qu'elle subissait, devait encore supporter les charges de l'occupation jusqu'au 12 mars, jour où la ville de Blois était complètement évacuée, après avoir subi deux bombardements et une occupation de trois mois.

Pendant la période d'évacuation (du 1er au 12 mars), de nouveaux excès furent constatés dans la ville et à la Trésorerie générale, où le fait suivant s'est passé : Le 11 mars, 6 officiers et 10 soldats prenaient leur logement à la Trésorerie générale ; parmi les officiers se trouvaient un colonel et le major commandant Grobën, du 16e régiment de dragons Hanovriens. Ce dernier officier supérieur étendait sa surveillance sur les menus, qu'il rédigeait en véritable maître d'hôtel. Voici la reproduction de l'un d'eux :

Menu du 13 mars 1870

Potage gras
Filet de bœuf aux pomes (sic)... Cornichons
Saumon aux champignons
Poulets ou perdreaux rouges rôtis
Salade, fruits, fromage, confitures

Bordeaux-Sauterne
Vin de Champagne
Liqueurs

Le dîner servi en remplacement de ce menu était composé d'un potage, d'un cuisseau de veau rôti, de poulets, légumes, salade, fromage, vin du crû (coteau des Grouëts), café et cognac.

Le domestique chargé de servir le dîner, ne savait comment faire pour se procurer les mets demandés, attendu que Bloïs était dépourvu de toutes ressources en dehors de la viande de boucherie. Nous avons dû remplacer certains plats au grand désappointement du commandant. Une scène des plus graves s'en suivit. Convoqué personnellement dans sa chambre, à onze heures du soir, je trouvais le commandant hanovrien couché, revêtu d'une chemise très blanche, dont, détail curieux, le col était fermé par une broche de femme représentant l'aigle prussienne.

Le commandant prit la parole en ces termes :

« Monsieur, on me met coucher dans un lit dont les draps sont destinés à des domestiques, sans oreiller.... votre dîner était exécrable... rien ne m'étonne de la part des Français, ce sont tous des, des... il balbutia et finit par dire... des Figaros. Pour vous punir, demain vous aurez 300 hommes, je recommanderai aux soldats de piller votre hôtel ».

La réponse à ces menaces, proférées dans le langage le plus grossier, ne se fit pas attendre et, surmontant l'indignation que me causait ce redoublement d'insolence, c'est avec une fermeté aussi correcte dans la forme qu'énergique dans le fond, que je répliquai à son apostrophe, puis je conclus ainsi :

« Commandant, je n'accepte pas cette nouvelle humiliation que rien dans nos procédés envers vous ne justifie. Nous aurons notre revanche un jour, mais nous autres Français nous savons nous honorer nous-mêmes en respectant les vaincus et, après la victoire, nous montrer humains et généreux... »

Inutile de dire que, malgré l'assurance que j'affectais et le calme que j'avais montré pendant cette entrevue, je n'étais pas trop rassuré sur les suites qu'elle pouvait avoir. En quittant le commandant Grobën, j'allai chez le colonel, logé dans la maison ; un officier d'ordonnance parlant français voulut bien m'entendre : il me rassura un peu, mais, il ne me dissimula pas que le major Grobën pourrait tenir ses menaces. Je passai une très mauvaise nuit et, dès le matin, je me présentais à la mairie où le commandant de place me rassurait complètement. Le tour de départ de ce soudard de Grobën était arrivé et ce fut avec le plus grand plaisir que je le vis défiler à la tête de ses hommes. L'hôtel de la Trésorerie, ses archives et son mobilier étaient définitivement sauvés.

Le départ des Prussiens, tant désiré des populations, était enfin arrivé. Blois retrouvait dans l'après-midi une animation qui rappelait les jours heureux ; on ne pensait plus qu'à faire disparaître les traces de l'invasion. Seules, les familles en deuil étaient l'objet de manifestations sympathiques et tous s'inclinaient respectueusement devant leur douleur qui se confondait avec celle de notre chère patrie.

Après un échange de correspondances, M. Maigne, Trésorier général, se réinstalla à Blois le 14 mars, jour où il se présenta porteur d'une somme considérable, indispensable pour désintéresser les créanciers de l'État, des communes, des établissements charitables, du Crédit Foncier de France et de la Ville de Paris. Cette somme était composée de billets de banque de 100 francs, nouvellement créés à Bordeaux, sur les conseils de M. Magne, ancien ministre des finances, conseils que Gambetta avait parfaitement compris, ce qui évita la planche aux assignats.

Les pièces justificatives des dépenses payées par la Trésorerie générale pendant les mois d'août, septembre, octobre, novembre et décembre 1870, représentant 18.096.192 fr. 73, ont été sauvées du désastre, grâce aux mesures prises sur mon initiative, au concours dévoué de M. Florance, chef de la dépense, et à celui de la municipalité de Blois. Des mesures conservatrices qu'il importe, même aujourd'hui, de ne pas divulguer, avaient été prises pour sauver les minutes des actes de l'État civil et autres documents précieux.

II

Hôtel de la trésorerie générale

Le 9 décembre 1870, M. Maigne, Trésorier général, accompagné du lieutenant-trésorier de gendarmerie de Loir-et-Cher et de M. Yvon, percepteur de Vineuil, en résidence à Blois, prenaient place dans le breack de la Trésorerie, attelé de deux vigoureux chevaux, pour se rendre à Tours par la route de la rive droite de la Loire, déjà encombrée de voitures et de troupes françaises. Ces fonctionnaires emportaient avec eux les fonds de l'État et les titres et valeurs appartenant aux communes et aux particuliers, conformément aux instructions qu'ils avaient reçues de leurs chefs respectifs. Le soir même ils couchaient à St Maur-des-Fossés, près Tours. En nous quittant, M. Maigne m'avait confié une somme en or, destinée aux dépenses quotidiennes et urgentes, tout en me recommandant de tenir à la disposition de quelques personnes qu'il me désigna, les fonds nécessaires pour assurer leur existence, ce qui m'a permis de venir en aide à bon nombre de rentiers, de fonctionnaires, et de souscrire plus tard à l'emprunt de la ville pour payer la rançon des 180.000 francs remis aux allemands pour un soldat tué. Semblable amende avait déjà été prononcée pour un allemand tué par un étranger à la ville de Blois, mais sur le rapport du préfet Prussien et de nouvelles démarches des membres de la commission municipale, elle n'avait pas été exigée par le prince Frédéric Charles.

En ce qui concerne la souscription organisée par la commission municipale et M. Chambert, receveur, pour arriver au paiement des 180.000 francs, des difficultés et une certaine résistance ont dû être surmontées ; on a eu recours aux personnes aisées et aux commerçants, qui profitaient de l'occupation prussienne pour réaliser des bénéfices considérables. L'*Écho du Centre*, journal blésois, dans son numéro du 16 mars 1897, relate que l'Évêque de Blois a souscrit, pour le montant de son traitement, à l'emprunt contracté par la ville ; il aurait pû ajouter que la somme versée provenait probablement des fonds que j'avais avancés sur son traitement pour le quatrième trimestre de 1870, et au moment même où les ressources faisaient défaut. Plusieurs personnages d'un ordre élevé étaient aux abois, les fournisseurs eux-mêmes avaient besoin d'argent pour aller aux provisions au moyen de laissez-passer. Les ouvriers, condamnés comme nous à loger et à nourrir les troupes, obtenaient des bons de pain et de viande, qui retombaient à la charge de la ville et, par suite, sur les contribuables.

Ce même jour, 9 décembre 1870, le général Rayssaire, quoique non rétabli, et le capitaine Legeas son aide de camp, logés à la Trésorerie, quittaient Blois par le dernier train pour éviter d'être faits prisonniers de guerre.

Les officiers qui avaient envahi l'hôtel de la Trésorerie le 13 décembre 1870, étaient au nombre de treize ; le 15, ils étaient 19, composés de dragons et de soldats d'infanterie. Des uhlans leur succédèrent, puis d'autres régiments. Les uhlans commandés par le lieutenant Sperber et son père, vice-maréchal des logis chef, se conduisirent bien, à quelques exceptions près.

Du 13 décembre 1870 au 13 mars 1871, la Trésorerie générale a logé et nourri 1551 hommes dont 400 officiers ; de plus elle a nourri 62 officiers invités par leurs camarades. Les journées les plus chargées en hommes furent celles des 2 et 3 janvier 1871 : leur nombre atteignit 48, y compris 10 officiers. La discipline de fer imposée aux soldats prussiens évitait les suites des querelles et des libations, que les chefs redoutaient eux-mêmes de leurs soldats. Le concours de ces uhlans rendait la tâche plus facile et éloignait les fantassins, traités de pillards par les cavaliers. De son côté, Mme Lasnier faisait respecter sa maison, aidée de sa tante qu'elle avait recueillie, ainsi que d'autres membres de sa famille, évacués ultérieurement sur Angoulême.

Des familles d'Essonnes (Seine-et-Oise) ont été guidées par mes soins dans leur fuite sur la Sologne, où elles s'installaient avec chevaux et voitures. J'ai même obtenu un laisser-passer prussien pour l'une d'elles (famille Louis Pinson d'Essonnes), qui aurait pu compromettre M. de Besson, secrétaire général de la Préfecture de Loir-et-Cher, resté à son poste et auquel on doit la conservation des archives de la Préfecture. La discipline sévère qu'apportaient les Allemands dans leurs rapports avec leurs soldats, a donné lieu à quelques exemples dont j'ai été le témoin. Un soldat indiscipliné a été attaché à une roue de voiture pendant une nuit entière, les pieds dans la neige. Un autre jour, des militaires logés dans le voisinage, ont été conduits dans la cour de la Trésorerie, où ils ont passé la nuit l'arme au bras, par un froid rigoureux. Ils étaient surveillés par un sous-officier placé dans la loge du jardinier. Enfin, un élève officier, de conduite blâmable, a été, en ma présence, l'objet d'observations avec accompagnement de légers coups de cravache sur la figure. Un soldat français aurait difficilement supporté cet outrage.

Quelques épisodes

A quelque distance de chez moi, rue des Grouëts, habitaient Mme Malzy et ses deux enfants, placés sous ma garde, mission que j'avais acceptée. M. Malzy, capitaine d'infanterie en retraite, faisait partie du 75e régiment des mobiles de Loir-et-Cher, en qualité de capitaine. Sa belle conduite à Coulmiers et à Patay, où il fut chargé du ralliement des débris de son régiment, lui valut à la fin de la guerre la croix d'officier de la Légion d'honneur. Après les nombreux combats de Patay et de Marchenoir, il rentra à Blois pour se reposer des fatigues de la guerre ; sa santé rétablie, il gagna Bracieux, non sans danger, revêtu d'un costume de boucher, et rejoignit son régiment du côté du Mans. Il était aimé de ses soldats, dont il avait fait l'instruction militaire. Il joignait à son aptitude les soins d'un père de famille, en assurant, à chaque étape, le gîte et les vivres ; il ne s'installait lui-même que lorsqu'il s'était assuré du bien-être relatif des jeunes gens placés sous ses ordres ; c'est du moins la réputation dont il jouissait à juste titre.

Le docteur Replin, septuagénaire, et sa femme résidaient tout près de moi, rue des Grouëts. A chaque instant ils subissaient les invectives des soldats qu'ils logeaient et qui devenaient insupportables par leurs exigences. Malheureusement, M. Replin ne savait pas un mot d'allemand, de sorte qu'il refusait souvent des choses qu'il leur aurait certainement accordées s'il avait pu comprendre ses interlocuteurs. Fatigué d'une situation qui lui enlevait tout sommeil, il fit appel à mon intervention. Un échange de quelques phrases en allemand suivi de menaces de la commandature, et le calme fut obtenu. En apprenant que M. Replin pouvait leur donner des soins comme médecin, les grossiers Bavarois qui s'étaient emparés de sa maison, se montrèrent aussi doux qu'ils avaient été arrogants.

Madame Dreux, mère de deux employés à la Trésorerie générale, habitait rue des Carmélites avec ses enfants. Son appartement, assez restreint, avait été partagé avec une dizaine de soldats prussiens, tous musiciens.

La réputation de ces artistes, en temps de guerre,

donne souvent lieu à des critiques sévères. Le fait suivant confirme cette appréciation. L'un d'eux, ne connaissant pas un mot de français, demandait des matelas sans être compris de la maîtresse de la maison, qui ignorait la langue allemande. Cette situation amena une querelle qui dégénéra en coups et blessures. Le Bavarois frappait madame Dreux avec son sabre, en présence de son plus jeune fils qui s'interposa et s'empara du sabre, mais dans la lutte, il eut les doigts des deux mains fortement entaillés.

Sur la plainte des musiciens, Albert Dreux fut emprisonné. Ce n'est que sur mes démarches et celles d'un officier d'ordonnance du général prussien, que notre prisonnier fut mis en liberté, après deux nuits et un jour de cachot. Pour éviter des représailles, je recueillis chez moi une partie de cette famille si éprouvée.

Dans mes récits particuliers, je ne puis oublier les souffrances dont M. Bouzy père, un de mes voisins, a été l'objet dans les circonstances suivantes :

Des hommes de garde, placés aux avant-postes, fouillaient les maisons : celle de M. Bouzy fut mise au pillage pour découvrir de l'eau-de-vie de marc.

Malheureusement M. Bouzy avait dissimulé un baril de cette liqueur parmi les nombreux fûts vides qui garnissaient sa cuve. Dans sa colère, l'un des soldats plongea la baïonnette de son fusil dans le genou du malheureux vieillard, dont la douloureuse blessure nécessita un fort long traitement.

Le gendre de ce propriétaire, M. Grouteau, fut aussi l'objet de sévices graves. Son arrestation, suivie d'emprisonnement pendant 15 jours, était due aux coups de fusil tirés sur les sentinelles allemandes, placées près de la poudrière, située sur la route de la forêt d'Herbault. La proximité de sa maison avec la poudrière permettait de penser que les coups de feu étaient tirés par lui ou par des francs-tireurs. Une enquête eut lieu par les soins d'un officier de uhlans, logé à la Trésorerie générale. Mon intervention n'a pas non plus été étrangère au résultat obtenu, c'est-à-dire le renvoi du malheureux innocent.

En quittant Blois le 9 décembre 1870, M. Yvon, percepteur de Vineuil, avait dirigé sa famille sur Poitiers, en confiant sa maison de la rue St-Lubin à M. Soulas. L'énergie faisait défaut à ce gardien. A l'arrivée des Allemands, la maison confiée à sa surveillance fut envahie par les soldats qui exigèrent, et au delà, tout ce qui était prescrit par l'autorité allemande.

Quelques jours se passèrent sans incident grave, bien que plusieurs fois ma présence ait été nécessaire pour apaiser la fureur des mangeurs de choucroute, qui se rendaient parfaitement compte que le locataire de l'immeuble qu'ils occupaient était absent ; ils profitèrent de son départ pour exiger un traitement plus favorable, tout en exerçant des perquisitions qui amenèrent la découverte d'une cave renfermant des barriques de vin et des objets mobiliers.

Le malheureux gardien, victime de la colère de ses hôtes, menacé, maltraité et même crucifié (!) se décida à abandonner son poste. A son retour M. Yvon constata la disparition de son vin et de la plus grande partie de son mobilier, c'est-à-dire une perte de 6.000 francs. Quelques mauvais sujets de la ville ne seraient pas restés étrangers à cet acte de dévastation.

Les communications du faubourg de Vienne avec la ville de Blois devaient être interceptées en faisant disparaître une des arches du pont ; les habitants de ce faubourg étaient autorisés à prendre les mesures nécessaires pour assurer leux existence. La défense de la ville exigeait même les précautions élémentaires contre un bombardement. C'est dans ces conditions que le propriétaire d'un immeuble de l'avenue Saint-Gervais a été amené à quitter provisoirement sa maison en la confiant à une femme courageuse qui tenait tête aux Hessois et aux uhlans avec une crânerie exemplaire.

Le 10 décembre 1870, les troupes allemandes envahirent le faubourg de Vienne et constatèrent qu'une arche du pont avait été enlevée par la mine. Cette surprise désagréable amena un commencement de bombardement, déjà signalé dans la première partie de cet ouvrage. Tout naturellement les habitants du faubourg ont supporté le fardeau de l'occupation dans les conditions les plus dures, jusqu'à l'arrivée du 25e corps français (28 janvier 1871), commandé par le général Pourcet, chargé de chasser les Prussiens de la rive gauche du fleuve.

Les soldats allemands firent sentir aux habitants le joug de leur oppression en les maltraitant, brisant les meubles, les coffres-forts, heureusement dégarnis et en faisant une ample provision d'objets qu'ils repassaient aux Israëlites ambulants qui accompagnaient les armées ennemies en vendant du mauvais tabac et de détestables cigares; rien ne pouvait échapper à la rapacité de ces hordes mercantiles et barbares.

C'est dans cette même maison de l'avenue St-Gervais que M. Louet, Intendant général du 25e corps français, a fait, le 28 Janvier 1871, revolver au poing, 7 prisonniers allemands.

Messagers patriotes.

Un habitant de Romorantin, M. Pousset-Jouslin, animé de patriotisme, s'était imposé une grave et dangereuse mission: il se chargeait des correspondances pour Blois et Romorantin et les villages situés entre ces deux villes. Son expérience des chemins de la Sologne, garnie en très grande partie de taillis, de sapinières et de landes, se prêtait à ces explorations de chaque jour. Le courage qu'il déployait facilitait les relations d'un certain nombre de personnes qui le connaissaient et qui avaient confiance en lui.

Que de précautions il a dû prendre pour arriver au port en dissimulant les dépêches qu'il portait sur lui ! De combien d'audace héroïque a-t-il dû faire preuve pour traverser les postes de soldats allemands, voyageant le jour et la nuit pour dépister l'ennemi !.... A son arrivée hebdomadaire, on ressentait une appréhension, et, en même temps, une joie qui faisait peur. Comme on était heureux de lire quelques nouvelles du pays non occupé, des parents et des amis !...

Mais la tristesse succédait vite à cette joie d'un instant, en pensant aux nouveaux dangers que notre vaillant et intrépide messager allait courir au retour. Je suis très heureux de pouvoir rendre un public hommage à cet homme de bien et de bravoure chevaleresque.

M. Pousset a fait la guerre de Crimée en qualité de maître ouvrier à la 3e compagnie des ouvriers des équipages militaires. Il possède une médaille de sauvetage pour avoir arrêté des chevaux emportés dans la ville de Romorantin ; mais il attend encore la récompense des services qu'il a rendus à son pays pendant la guerre de 1870.

M. Rabier, cantonnier baliseur de la Loire, en résidence à Blois, a également bien mérité de sa patrie. Sur la proposition de ses chefs, il a obtenu la médaille militaire que sa belle conduite justifiait. Pendant la nuit, il passait en barque le fleuve de la Loire, puis il franchissait les quais garnis de sentinelles dont les coups de fusils atteignaient quelquefois sa barque ; sa mission remplie à Blois, il courait de nouveaux périls en retournant sur la rive gauche du fleuve. A l'époque de la reprise du faubourg de Vienne par le général Pourcet, il fut chargé de plusieurs missions.

Quelques personnes, dont je tairai les noms, se rappelleront certainement avec moi ces moments d'angoisse et de reconnaissance qui aidaient à supporter le fléau de la guerre.

Un autre mode de transmission de la correspondance avait été organisé en faisant appel au concours d'humbles et modestes fonctionnaires qui s'en étaient chargés et dont les noms doivent rester également inconnus, dans l'intérêt de la France. Il y eut encore des hommes dévoués qui coururent de grands dangers en prenant une part active à la défense nationale.

Visites aux châteaux par le Prince Frédéric-Charles

L'arrivée à Blois du prince Frédéric-Charles, annoncée à l'évêque par le général prussien, ne s'est pas réalisée. Il visitait les châteaux des environs ; à son passage à Saint-Gervais, il s'installa au château de M. Bergevin, où il passa en revue la cave et les placards, tout en faisant son choix dans la garde-robe, emportant les bas et les bottes nombreuses de M. Bergevin, sous les yeux de ses officiers qui en paraissaient honteux.

En l'absence de M. Bergevin, l'intervention du curé fit cesser cet odieux pillage (1). Les bottes surtout tentaient le soudard, paraît-il, car, dans la note des pertes, faite après la guerre par M. Bergevin lui-même, celui-ci mentionnait spirituellement la disparition de trente-deux paires de bottes ! Ceci se passe de commentaires.

Les Allemands à la ferme de la Rousselière, commune de Saint-Hilaire sur Yerres, près Cloyes (Eure-et-Loir)

La ferme de la Rousselière, exploitée par la famille Tournois, composée de 14 personnes dont huit domestiques, fut témoin d'un acte de rigueur exercée sur M. Guillon, voisin de la ferme. Cet homme, porteur d'un vieux fusil qu'il voulait dis-

(1) *Echo du Centre* du 8 mai 1897.

simuler dans une bordure d'ajoncs, fut surpris par un groupe de prussiens logés dans la ferme, arrêté, conduit dans la cour et collé au mur pour être fusillé. Aux cris des enfants, aux vives protestations du fermier et des membres de sa famille, le colonel prussien logé à la Rousselière intervint, se fit rendre compte des faits, brisa le fusil, mais se borna à maintenir prisonnier le sieur Guillon qui parvint à s'échapper deux jours après. Non loin de là se commettait un crime atroce qui doit être relaté. Un sieur Napoléon Courtimault, de la commune de Langé près Cloyes, (Eure-et-Loir) profitait de la désorganisation du pays pour se livrer à la chasse. Rencontré un jour par une reconnaissance de uhlans, il fut sommé de leur remettre son arme ; il s'y refusa et les mit en joue pour se défendre contre eux. Quelques heures après, les uhlans revinrent au village avec une escorte. Ils exigèrent la remise du fusil, firent Courtimault prisonnier et l'emmenèrent attaché et traîné à la queue du cheval de l'un d'eux. Arrivé au lieu dit le bois de Cercottes, les forces abandonnèrent Courtimault. Là, ce malheureux fut fusillé par les barbares qui l'entouraient. Cet acte de cruauté, digne de sauvages, qui a laissé un poignant et douloureux souvenir dans le pays, ne doit pas être oublié (1).

Ville de Romorantin

La charmante petite ville de Romorantin, située sur les rives de la Sauldre, cours d'eau où se trouvent installées les importantes fabriques de draps

(1) Récit de la famille Tournois.

de MM. Normant, ne devait pas rester étrangère à l'occupation prussienne ni à la rançon qui en était l'habituelle conséquence.

Le 9 décembre 1870, le Prince Frédéric-Charles dirigea son armée sur Blois par les deux rives de la Loire, lieu de réunion de plusieurs corps. Les troupes installées à Vierzon s'y rendirent par Romorantin où elles infligèrent, en passant, aux habitants une amende de trente mille francs basée sur les attaques d'un courrier porteur de dépêches.

Le Conseil municipal, peu disposé à donner suite à cette exigence très discutable, effectua cependant un versement de vingt mille francs entre les mains d'un officier supérieur qui emmena, comme otages, des conseillers municipaux parmi lesquels se trouvaient deux membres de la famille Normant. Les Prussiens étaient à peine entrés à Contres, chef-lieu de canton de l'arrondissement de Blois, que M. le Docteur Soulez, accompagné de deux membres du Conseil, et de M. Ernest Mandar, interprète, se présentèrent porteurs des dix mille francs restant à payer.

Les malheureux otages, qui avaient voyagé dans des fourgons par un froid rigoureux, furent mis en liberté. C'est ainsi que procédaient, à l'instar des hordes barbares, les troupes allemandes qui profitaient de l'état de guerre pour dévaliser les populations.

Le Trésorier général à Romorantin.
Destruction du Clocher de l'église de Dhuizon.
Pillage de Dhuizon, Moisy et Ecoman par les soldats Allemands.

Le 9 décembre 1870, date du départ du Trésorier-général, les arrondissements de Blois et de Vendôme se trouvaient en partie envahis. Le Préfet, qui n'avait pas attendu les Prussiens pour organiser son départ, se rendit deux jours après à Vendôme et de là à Romorantin où la caisse du receveur des finances fonctionnait encore. Le trésorier général se rendit lui-même dans cette ville, le 31 janvier 1871, pour assurer, avec le concours de M. Mennessier-Nodier, receveur particulier, le paiement des dépenses publiques, en ayant recours aux subventions de son collègue de Bourges.

La tour de Francois Ier, résidence du sous-préfet, était devenue le refuge du Préfet et d'autres personnes, qui profitaient des landaus réquisitionnés pour explorer l'arrondissement. Les Prussiens étaient installés à Lamotte-Beuvron, d'où ils rayonnaient jusqu'à Villeny et Dhuizon, communes de l'arrondissement de Romorantin, entourées de nombreux étangs et de sapinières.

Deux reconnaissances de uhlans furent expédiées sur ces communes. L'une, dirigée sur Villeny, s'est heurtée contre les déblais d'une tranchée ouverte sur la route conduisant à la Marolle, au lieu dit l'Arche du Guébillet. Les uhlans exigèrent de la population, en la menaçant de pillage, que la tranchée fût comblée au moyen de bourrées prises chez M. de la Grandière, et de terres provenant des déblais. Ces travaux durent être exécutés dans la neige et par une baisse de température qui avait fait geler la terre à 20 centimètres de profondeur. En dehors des vivres réclamés, aucun acte de violence ne fut constaté. L'autre reconnaissance, dirigée sur Dhuizon et composée de 30 hommes, apparut le 22 janvier 1871, et ne fit que quelques réquisitions de pain et de vin. La semaine suivante, ils voulurent renouveler leur visite, mais les francs-tireurs, embusqués dans les bois du Pâtis des bouleaux, tuèrent un cheval et blessèrent deux cavaliers, dont l'un reçut des soins à Dhuizon, où il mourut quelques jours après.

Les Prussiens, irrités de ce semblant de résistance et de la perte de leur soldat, se présentèrent le dimanche 29 janvier, au nombre d'environ 600 cavaliers et fantassins, appuyés de trois pièces d'artillerie. Les francs-tireurs (ils étaient 27), au lieu d'être embusqués dans les sapinières, attendant l'ennemi, faisaient tranquillement leur cuisine dans quelques maisons du bourg ; à l'arrivée des Allemands, ils se divisèrent en se mettant à l'abri des maisons et gagnèrent le bois le plus rapproché, tout en prenant part à une vive fusillade. Après s'être battus avec une vaillance héroïque, ils durent s'enfuir de tous côtés pour éviter les obus. Au même instant, un habitant du pays, M. Gédon, instituteur et secrétaire de la mairie, montra du sang-froid et un grand courage, en traversant la mêlée pour rejoindre sa maison, préférant mourir chez lui plutôt que d'abandonner sa famille et la commune. Les obus, dirigés sur l'église, détruisirent le clocher, et ravagèrent la toiture. Bon nombre de maisons furent endommagées par les projectiles. Dans leur fureur, les Hessois se livraient au massacre ; ils prenaient tous les hommes en blouse pour des francs-tireurs déguisés et déchargeaient leurs fusils sur eux à bout portant. Ils les arrachaient, dans les maisons, des bras de leurs femmes et de leurs parents pour les fusiller ; ceux qui n'étaient pas tués par les balles étaient assommés à coups de crosses de fusil ou percés par les baïonnettes.

Les recherches faites après le combat, par les soins de MM. Gédon et Robichon, amenèrent la découverte de cinq hommes et d'une femme victimes de ce carnage et de trois hommes blessés très grièvement. Voici leurs noms : Jourdain Auguste, Palu, madame Delahaye, tués ; Goubeau Adolphe, blessé et décédé le lendemain ; Poirier, franc-tireur, tué ; Honnot, ouvrier tuilier, Vignon père et Quesnard, grièvement blessés.

Enfin, six personnes ont été emmenées comme otages, pour garantir le paiement d'une contribution de guerre de 8000 francs à payer dans les 24 heures. Après avoir été maltraités, les habitants furent pillés au moment même où l'armistice était connu des Allemands, ce qui confirme encore une fois que des ordres avaient été donnés aux chefs de corps pour frapper les villes et les campagnes de contributions de guerre, et exercer le pillage sur la plus grande échelle, en attendant les conditions de l'armistice. Ces faits indignes justifient la réputation de cruauté et de vol faite aux Bavarois qui, après la tuerie sanglante, se livraient au pillage.

En l'absence des autorités locales qui avaient quitté la commune au moment du danger, M. Gédon, secrétaire de la mairie et quelques habitants, animés de patriotisme, et dont faisaient partie MM. Rouhier, Gaston Porcher et Desouches, envoyés plus tard en négociateurs à Orléans, ont pu recueillir diverses sommes et ne verser que 1050 francs sur les huit mille francs imposés, tout en obtenant le renvoi de MM. Thyaux, Delahaye père et fils, otages retenus à Orléans. Les trois autres, ayant prétexté qu'ils étaient étrangers à la commune de Dhuizon, ont été dirigés sur Versailles et Corbeil, d'où ils se sont évadés ; ce sont MM. Dubreuil, Romet et Bourgeat père.

C'est encore à Dhuizon et autres communes que M. Gaveau, surnuméraire attaché à la recette des finances de Romorantin, et M. Gédon ont perçu l'impôt en courant de sérieux dangers. Ils ont ainsi noblement servi leur pays, puisqu'en faisant leur devoir avec courage, ils arrivaient à recueillir, à force d'intelligence et d'audace, presque sous les yeux de l'ennemi, les ressources en argent destinées à la défense de la patrie. M. Gédon a certainement des titres à la reconnaissance publique, pour sa belle conduite et son intervention quotidiennes pour sauvegarder les intérêts de la commune de Dhuizon et de ses habitants.

Un autre fait, tiré des notes de l'évêque de Blois, vient à l'appui de ce qui précède :

Dans les communes de Moisy et d'Ecoman (arrondissement de Blois) les Bavarois se sont emparés de 150.000 francs, cachés par M. de Rougé qui en avait le dépôt ; ils ont de plus enlevé quatorze voitures d'objets mobiliers au château de Villebresmes, évalués 100.000 francs, laissant au curé quelques milliers de francs pour dédommager la commune.

III

Services financiers

Pendant le cours de l'occupation prussienne d'une partie du département de Loir-et-Cher, la Trésorerie générale et les Recettes des finances de Romorantin et de Vendôme ont fonctionné ; mais à partir du 10 décembre 1870, les caisses de Blois et de Vendôme ont été fermées, puis rouvertes au mois de mars 1871; seule, la caisse de Romorantin faisait face aux dépenses au moyen de faibles ressources locales et de subventions qu'il fallait prendre à la trésorerie générale de Bourges, bien qu'une partie de l'arrondissement de Romorantin fût envahie elle-même par les troupes allemandes. C'est dans ces conditions que les services financiers ont pu fonctionner.

Quelques chiffres, groupés au moyen des relevés ci-après, donneront un aperçu des opérations financières, dans le département de Loir-et-Cher, au moment de la guerre de 1870-1871.

Relevé des sommes encaissées et payées à divers titres, du mois d'août 1870 au 30 avril 1871.

Mois		Recettes		Dépenses	
—		—		—	
Août	1870	5.102 945 f.	15	4.901.857 f.	34
Septembre	»	5.661.605	68	5.738.997	36
Octobre	»	3.320.782	21	3.174.025	87
Novembre	»	5.445 665	68	2.829.187	68
Décembre	»	1.115.174	36	1.452.134	48
Janvier	1871	82.256	07	82.256	07
Février	»	490.781	20	283.373	93
Mars	»	2.121.119	56	2.284.324	25
Avril	»	3.180.429	04	3.018.055	91
Totaux . . .		26.520.758 f.	95	23.764.212 f.	89

Dépenses de guerre en 1870-1871

Mois		BUDGETS Ordinaire		BUDGETS Extraordinaire		Observations
—		—		—		—
Août	1870	151.211 f.	20	»		
Sept.	»	273.394	88	120.171 f.	52	
Octobre	»	153.847	62	540.279	64	
Novemb.	»	238.210	08	810.810	89	
Décemb.	»	147.881	59	237.638	52	
Janvier	1871	»		»		
Février	»	»		»		
Mars	»	122.927	08	82.167	87	
Avril	»	231.206	40	44.300	76	
Mai	»	221.626	15	121.351	50	
		1540.305 f.	»	1956.720 f.	70	
Totaux . . .		3.497.025.70				

Dans ces dépenses sont comprises les indemnités de route payées au soldats rejoignant leurs corps respectifs, ainsi qu'aux nombreux blessés et malades, évacués au fur et à mesure de leur rétablissement sur les villes de Tours et Poitiers. Leur absence diminuait l'effectif des combattants de 20.000 hommes environ.

Relevé des dépenses constatées au compte des paiements à régulariser et de l'organisation de la garde mobile

Mois	Paiements à régul.	Garde mobile	Observations
Août 1870	18.238 f 88	47.382 f 65	
Sept. »	46.046 55	167.202 13	
Octobre »	65.891 40	133.880 46	
Novemb. »	47.066 65	55.547 55	
Décemb. »	199.207 17	4.828 50	
Février 1871	6.266 14	»	
Mars »	45.972 24	5.682 65	
Avril »	73.102 13	5.440	
	501.791 16	419.963 94	
	Total . .	921.755.10	

Résumé des dépenses de guerre

Dépenses sur les budgets ordinaires et extraordinaires.	3.497.025,70
Dépenses à régulariser.	921.755,10
Total des dépenses de guerre dans Loir-et-Cher	4.418.780,80

GARDE NATIONALE MOBILISÉE

Conformément aux prescriptions des décrets du Gouvernement de la défense nationale, siégeant à Tours, en date des 27 septembre 1870, 11 octobre, 2, 7, 22 et 26 novembre de la même année, les hommes de 21 à 40 ans, célibataires, mariés, veufs avec enfants font partie de la garde nationale mobilisée.

L'exécution de ces divers décrets dans le déparpartement de Loir-et-Cher a nécessité une dépense de 275,140 fr 30, applicables à l'habillement, à l'équipement et au campement. Cette somme, mise à la charge des communes, a été payée par l'Etat.

Emprunt contracté par la ville de Blois

Par sa délibération du 8 juin 1871, la commission municipale vota un projet d'emprunt de 600.000 francs pour couvrir les dépenses ci-après :

1° Bons délivrés par la municipalité pendant l'invasion. . .	299.758 fr. 15
2° Impôt de guerre, avance faite par diverses personnes de la ville et versée aux Allemands ; (un soldat prussien a été tué, par suite une amende de 200.000 francs a été imposée et réduite à).	180 000 fr.
3° Remboursement à la Caisse des dépôts et consignations (délibération du 24 mars 1871). .	48.000 fr.
4° A la caisse municipale. . .	49.041 fr. 85
(Ces deux dernières sommes employées à payer les dépenses d'équipement de la garde nationale et les frais résultant de l'occupation allemande).	
5° Dépenses diverses	23.200 fr.
Somme égale	600.000 fr.

Il convient de rappeler que la ville de Blois a été comprise, dans la répartition des fonds votés en 1872 par l'État au profit des communes, pour une somme de 156.208 fr..65, reçue en bons de liquidation représentant une partie des dépenses des réquisitions de bons de pain et de viande pour la nourriture des prisonniers qui ont traversé la ville et aux personnes peu aisées ou indigentes.

Comptes de gestion de MM. Poulain et Chambert présentés au Conseil municipal pour les recettes et les dépenses effectuées en 1870 et 1871 pendant l'occupation prussienne.

La délibération suivante a été prise le 30 juin 1877.

« M. le maire expose que les comptes de recettes « et de dépenses, faites par MM. Poulain et Cham- « bert pendant l'occupation prussienne, ont fait « l'objet d'un examen très attentif de la part de « M. Lasnier, fondé de pouvoirs de M. le Trésorier « général à l'époque où les faits se sont accomplis, « et nommé depuis receveur particulier à Ro- « morantin. Chacune des pièces est revêtue d'une « attestation formelle de la part de ce fonction- « naire et, si l'on se reporte par la pensée au « moment où les opérations ont eu lieu, chacun « des membres du conseil comprendra sans peine « que les justifications aient pu faire défaut au « milieu des troupes dont les difficultés de langage « augmentaient encore la violence; il propose au « conseil d'approuver purement et simplement les « comptes de gestion ».

Le conseil approuve.

Ont signé au registre :

Jules Charrier, maire, Chavigny, Poulain, Thomas Payen, Chambellan, Simon, Crossonneau, Badaillac, Monnereau, Sureau, Robin, Gaignaison, Planquette, Charon, Brizion, Poupart, Goulay, de St-Vincent, Périn et le docteur Blanchon.

Extrait de la délibération du 24 mars 1871

Des remerciements sont adressés à M. de Birague d'Apremont, substitut du Procureur de la République à Corbeil (Seine-et-Oise), pour son intervention auprès de l'autorité allemande à l'effet d'obtenir la liberté sur parole de MM. Pousset et Chavigny, otages de la ville de Blois, à l'époque de leur passage à Corbeil. M. de Birague s'est porté caution de leurs personnes sans les connaître.

M. de Birague d'Apremont était un magistrat distingué qui, pendant l'occupation prussienne à Corbeil, a rendu de nombreux services. M. de la Ruë, inspecteur des forêts en retraite en résidence dans cette ville, se plaît, dans son intéressant ouvrage sur l'invasion allemande, intitulé *Sous Paris pendant l'invasion*, publié en 1871, a reconnaître la sollicitude que montrait M. de Birague envers les malheureux otages des villes occupées et les nombreux soldats prisonniers de guerre dirigés sur l'Allemagne.

J'ajouterai que, du 20 août au 21 septembre 1870, M. de la Ruë lui-même a pris une part active à la défense.

Nommé par le général de Pointe, commandant de la 1re compagnie de gardes forestiers, il se rendit à Longueville et de là à Provins, où il organisa, entre Provins et le département de l'Aube, des petits postes chargés de recueillir des renseignements sur l'ennemi. A l'apparition des soldats allemands, ces postes se repliaient sur les villages situés dans la direction de la forêt d'Echouboulain, massif boisé qui a permis aux gardes forestiers d'inquiéter les convois ennemis qui fréquentaient les routes de Provins à Melun et à Fontainebleau.

Enfin, refoulé graduellement par l'invasion, M. de la Ruë arriva à Melun, où, le 21 septembre, il licencia les quelques forestiers qui l'avaient suivi jusque là ; puis il se rendit à Corbeil, avec l'intention de regagner Paris ; mais la capitale était fermée et assiégée, et le digne inspecteur des forêts dût rester à Corbeil, où il fut appelé à rendre d'inoubliables services par son grand savoir, l'élévation de son esprit et surtout sa parfaite connaissance de la langue allemande. Il se tenait presque en permanence à la Mairie où il facilitait les relations avec les autorités allemandes; son intervention quotidienne évitait souvent l'exécution de mesures arbitraires imposées à la population par un ennemi sans scrupules.

Ambulances

Les ambulances organisées à Blois étaient installées à l'Hôtel-Dieu, au château dans les salles dites de Gaston d'Orléans, au Collège municipal, au Petit Séminaire, aux Ursulines et dans les magasins de M. Bailly, négociant en vins, près de la gare du chemin de fer, enfin à la Préfecture, sur laquelle l'autorité allemande faisait diriger ses officiers.

Les ambulances les plus importantes étaient

celles de l'Hôtel-Dieu et du Château. Dans la première, les docteurs Arnoult, médecin de l'hôpital, Aubry et Renou, se sont distingués en prodiguant leurs soins vigilants et dévoués aux victimes de la guerre. Dans la seconde, les docteurs Yvonneau, Delarivière et Baschet, aidés de M. Gaillard-Noury, en qualité d'infirmier volontaire, luttaient avec un patriotisme exemplaire pour arracher à une mort certaine un grand nombre de blessés français et allemands. Plusieurs docteurs de Paris, parmi lesquels figuraient M. Ledentu, chirurgien, avec ses élèves, et des médecins anglais, partageaient la tâche de leurs collègues avec un dévouement à signaler.

Les dames de la ville, attachées à l'ambulance du château, M. de la Morandière, organisateur des services administratifs et les personnes accourues auprès de lui, secondaient le corps médical et recevaient les membres des familles qui recherchaient leurs enfants parmi les nombreux malades et blessés. On ne saurait oublier le concours actif des administrateurs et du Receveur de l'hôpital, M. Chevallier, qui a couru certains dangers pour procurer plusieurs fois des fonds à cet établissement. Le personnel attaché aux diverses ambulances rivalisait de zèle pour soulager les malades.

Le Collège municipal était spécialement affecté aux soldats atteints de la variole, épidémie qui fit de nombreuses victimes. M. Tronche, principal, a fait preuve de courage et de sollicitude envers les malades dans ce terrible foyer pestilentiel. C'est dans cet établissement que la sœur de Quélen trouva son cousin des zouaves pontificaux : elle le conduisit à son ambulance de la gare, qu'elle dirigeait au nom des sœurs de Saint Vincent de Paul, Filles de la charité, qui ont également des titres à la reconnaissance publique. Sans tenir compte des militaires décédés, le nombre des malades et des blessés soignés dans les ambulances peut être évalué à 25,000, chiffre basé sur le nombre des mandats délivrés par l'autorité militaire, à titre d'indemnité de route.

Comité de secours aux blessés
créé à Blois en 1870

Des personnes charitables avaient pensé que pour venir en aide aux malheureux blessés, un comité de secours devait être créé. Cette œuvre patriotique a fonctionné, pendant la durée de la guerre, sous les auspices d'un comité représenté à Blois par M. Meurville, ancien notaire, et, à Orléans, par M. de Boisjolly, conseiller à la Cour. Des sommes importantes ont été distribuées par les soins de M. Meurville, qui avait recours à mon intermédiaire, même pendant l'occupation, pour retirer les sommes déposées à la Trésorerie générale.

Après la guerre, sur les instructions du Comité central de Paris, représentant la Société française de secours aux blessés de terre et de mer, autorisée par décret du 23 juin 1866, les comités départementaux furent annulés.

Cette mesure, regrettable au point de vue du recrutement du personnel des infirmières en cas de guerre, a été l'objet de critiques fondées qui ont amené la création de la Société des femmes de

France, autorisée par le décret du 6 août 1882, ainsi que celle de la Société des dames françaises, autorisée par décret du 3 avril 1883, œuvres charitables qui fonctionnent dans de bonnes conditions et qui sont appelées, dans l'avenir, à recruter et à instruire un nombre considérable de personnes, en dehors des infirmiers militaires, pour arriver à donner spontanément les soins que réclameront les nombreux blessés.

Administration allemande

Pour donner une idée de l'organisation administrative allemande, dans les départements occupés, nous nous plaisons à reproduire ci après le texte de l'ordonnance du Gouverneur général, datée de Reims le 27 octobre 1870, concernant la conscription ; ainsi que l'arrêté adressé aux maires des communes du département de Seine-et-Oise, par le Préfet prussien, le 28 du même mois. L'arbitraire y ressort dans tout ce qu'il y a de plus navrant.

A l'honneur des maires du département, aucune suite n'a été donnée à ces mesures.

Les instructions ci-dessous rappelées ont été consignées dans l'intéressant volume de M. de La Ruë, Inspecteur des forêts en retraite, intitulé: *Sous Paris, pendant l'invasion.*

Ordonnance concernant la conscription

Nous, gouverneur général des départements occupés par les troupes alliées, et qui ne sont pas placés sous l'autorité des gouvernements généraux de Lorraine et d'Alsace ;

Avons ordonné et ordonnons ce qui suit :

1° Les maires dresseront immédiatement la liste des personnes appartenant à leur communes, et qui, y étant présentes sont, d'après les lois françaises, sujettes à la conscription, tant pour l'armée que pour la garde mobile ;

2° Les maires dresseront en même temps une liste des hommes de la commune qui n'ont pas dépassé leur quarante-sixième année, qu'ils aient été ou non sujets à la conscription ;

3° Les maires présenteront une espèce de copie de ces lettres, d'aujourd'hui en huit jours, à MM. les Préfets, Sous-Préfets ou aux fonctionnaires suppléants, militaires ou civils.

4° En cas de départ clandestin, ou d'absence non motivée d'un individu porté sur les listes ci-dessus, les parents et tuteurs, ou les familles, seront frappés d'une amende de 50 francs pour chaque individu, et pour chaque jour d'absence.

5° Nos autorités civiles et militaires seront chargées de faire des perquisitions domiciliaires, chez les individus inscrits sur les listes afin de s'assurer de la stricte exécution des ordonnances ci-dessus publiées.

Reims, le 27 octobre 1870.

Le Gouverneur général,

E. R.

J'ai constaté que, dans le département de Seine-et-Oise, cette ordonnance est en grande partie restée sans résultat.

Je préviens par conséquent MM. les maires qui sont en retard, que si ces lettres, dressées dans le plus bref délai, et si les copies ne m'étaient adressées immédiatement (et dans l'arrondissement de Corbeil, au Sous-Préfet), je me verrais obligé d'employer des mesures sévères, dont la responsabilité retomberait entièrement sur eux.

Le Préfet de Seine-et-Oise,

E. R.

FORSTES,

Conseiller de Préfecture et Secrétaire général.

CONTRIBUTIONS DIRECTES

Nous, Préfet de Seine-et-Oise,

Adjoignons les avis suivants en rapport à l'arrêté du 10 octobre (recueil 1er), concernant l'ordre de recouvrement du douzième des contributions directes, foncière, personnelle, mobilière, des portes et fenêtres et des patentes pour le mois d'octobre;

En réponse à des lettres qui m'ont été adressées par un très grand nombre de communes du département, et qui contiennent, presque toutes, les mêmes observations et les mêmes questions à l'égard des contributions.

Arrête:

Article 1er. — La publication de l'arrêté précédent étant parvenue trop tard aux communes à cause de l'état actuel, nous croyons devoir proroger le recouvrement desdites contributions imposées à chaque commune, jusqu'au 5 novembre, époque de l'exigibilité, et, en cas de non versement, il sera donné suite à l'article 5 de l'arrêté du 10 octobre.

Un délai plus long ne peut être accordé, parce qu'alors le douzième du mois de novembre sera déjà échu et devra être payé également.

Article 2. – Il ne peut être accordé de diminution sur le montant de l'impôt ci-dessus relaté, attendu que les sommes requises ne sont pas un impôt de guerre, mais bien le montant des rôles généraux pour l'année 1870, fixés d'après les lois françaises et approuvées par M. Cornuau, alors préfet du département de Seine-et-Oise. Quant aux réquisitions que les communes ont fournies jusqu'alors pour les armées allemandes, la plupart d'elles ont été fournies en nature, et n'ont pas été payées en argent par les communes et, les bons devront être retrouvés après la paix, par le gouvernement français.

Art. 3. — Toutes les communes dont l'administration se fera régulièrement, c'est-à-dire comme par le passé, pourront par la suite se voir alléger dans le recouvrement des centimes affectés aux frais des communes.

Art. 4. — La répartition des contributions directes sur les contribuables sera laissée parfaitement aux soins des maires et des conseillers municipaux des communes respectives, toutefois en ayant soin de toujours forcer l'impôt sur les personnes qui se sont soustraites par l'absence aux calamités de la guerre, au lieu de rester et de remplir leurs devoirs envers leurs communes ;

ceux-là pourront être frappés plus fort que ceux qui sont restés, en proportion de leur fortune ou de leurs revenus.

Art. 5. — Les maires, d'accord avec le conseil municipal de chaque commune, sont autorisés à contracter des emprunts sur les revenus de leur commune. Ce crédit suffira toujours pour assurer le paiement régulier des contributions directes pour chaque mois.

Outre les biens des communes respectives, tous les biens fonciers, mobiliers et immobiliers des contribuables absents de leur commune, pourront être donnés en gage pour l'acquit des dettes que la commune aura contractées pour le remboursement des dites contributions.

Art. 6. — MM. les maires seront tenus de m'indiquer les noms des personnes qui refuseraient de verser le montant de leur douzième, afin que je puisse aviser.

Art. 7. — Les contribuables qui auraient soldé par avance l'année 1870, devront néanmoins verser le douzième du mois d'octobre, et de même pour les mois suivants, quitte à ces personnes à réclamer plus tard à l'administration française, quand ils devront payer les contributions pour l'année 1871.

Art. 8 — Les maires des chefs-lieux de cantons sont tenus de faire parvenir le plus tôt possible, le présent arrêté aux maires des communes composant leur canton.

Versailles, le 28 octobre 1870.

Le Préfet de Seine-et-Oise,

de BRAUCHITSCH

Les auteurs de ces instructions, dignes émules de Bismarck, prévoyaient tout et avaient même recours à l'intimidation par les menaces. C'est un code administratif spécial, très étudié. Ce n'était pas assez d'opérer des réquisitions, de frapper les habitants de contributions de guerre, d'amendes et de faire loger et nourrir leurs soldats, il fallait encore encaisser les impôts français par la voie arbitraire et au besoin par la force. De semblables exactions seront difficilement oubliées.

MON JOURNAL

Notes quotidiennes du 9 Décembre 1870
au 12 Mars 1871.

Le 9 décembre 1870, M. Maigne, trésorier général, quitte Blois, par ordre, à une heure et demie.

Le 10, l'ennemi apparaît sur la rive gauche de la Loire, vers trois heures du soir. Le canon tonne ; des batteries d'artillerie prussiennes sont placées aux Ponts chartrains. Un obus pénètre dans la cuisine de M. Massé ; la fusillade s'engage sur les quais. M. Coutant trouve la mort à l'une des fenêtres de la mairie ainsi que d'autres personnes. Le pont est coupé. Le soir, le feu cesse mais on parle de bombardement pour le lendemain. L'évêque fait une démarche auprès du général Prussien pour éviter le bombardement de la ville, il obtient vingt-cinq minutes ; c'est alors que tout le monde déménage, c'est un sauve qui peut général, on couche en forêt, on fuit de toutes parts, on passe la nuit dans les caves. Ceux qui se couchent ne dorment pas, j'étais de ce nombre. Le bombardement se fait attendre.

Le 11, même déménagement, on remarque plus

de célérité ; on ne trouve ni voiture ni omnibus ; les malades sont traînés sur des camions et des brouettes ; on croit au pillage de la ville. Les habitants des campagnes viennent chercher leurs parents; nous passons nous-même la nuit à Herbault au milieu de l'agitation du pays.

Le 12, retour à Blois dès le matin pour prendre des nouvelles, mais les colonnes ennemies viennent de Mer ; notre armée bat en retraite, c'est un va-et-vient continuel. On commence à rentrer en ville ; le soir plus de gaz, ville noire et triste, salie par un dégel complet. On prend un peu de repos, en attendant l'ennemi, mais la population est toujours dans l'anxiété. J'écris à M. Maigne.

Le 13 décembre, le dégel continue. Arrivée des Allemands, ce sont des Hessois, parfaitement équipés et de bonne mine. On rend les armes à la mairie ; le commandant de place réclame 100 bouteilles de champagne et 2000 cigares. Des sentinelles sont placées à chaque bureau de tabac et à l'entrepôt ; les militaires sont logés chez les particuliers. La Trésorerie générale a 6 officiers, 7 soldats et 8 chevaux, on est tenu de les nourrir.

Les Blésois rentrent chez eux et ramènent leur mobilier, mais l'effroi règne encore dans les familles. La caisse de M. Chambert, receveur municipal de la ville, est occupée par les inspecteurs prussiens ; celle de la Trésorerie ne le sera que le 14. Les coffres-forts étaient ouverts et vides. Une passerelle devra être construite sur le pont demain à midi. On traverse la Loire en bateaux, même les chevaux. M. Vallon a 60 soldats chez lui ; le château de M. Bergevin est envahi.

Le 14, la passerelle n'est pas encore construite. Des peupliers sont couchés sur les piles de l'arche détruite. Des troupes nouvelles sont arrivées, d'autres s'en vont. Les fonctionnaires chefs de service sont partis le 12 décembre, même le préfet; M. Jollois, ingénieur des Ponts-et-chaussées, reste à son poste ainsi que M. de Besson, secrétaire général de la préfecture. Sa nomination par le Gouvernement impérial le fait maintenir à la Préfecture. La mairie est représentée par M. Pousset, qui ne sait où donner de la tête. On réquisitionne des chaussures. Le pain ne manque pas encore, la viande devient plus difficile à trouver, car il en faut beaucoup. Les caisses publiques ont été visitées. Le canon tonne du côté de Vendôme. Le gaz est rétabli ainsi que l'eau de la ville ; le silence le plus complet règne dans les rues. Aucune insulte n'a été constatée ; quelques exigences seules ont été remarquées dans plusieurs maisons.

Les officiers que j'ai consultés sont, comme nous, las de la guerre, ils espèrent la paix prochaine ; que Dieu le veuille ! Les boutiques sont envahies par les soldats qui paient ce qu'ils achètent en monnaie prussienne ; leur valeur nominale est affichée, ce qui facilite les comptes. Un officier m'a dit qu'il n'avait rencontré ni habité un hôtel aussi modeste (*sic*) et confortable que celui de M. Maigne. Les frères Barkow, officiers du 16e dragons, faisaient partie des troupes logées et nourries à la Trésorerie.

Le 15, des régiments d'infanterie quittent Blois et prennent la route de Vendôme où le canon se fait entendre toute la journée, d'une distance de plus en plus rapprochée ; les coups des mitrailleuses sont perçus distinctement. On dit qu'hier 14 décembre, nous avons eu un succès sur l'ennemi qui l'avoue lui-même. Est-ce vrai ? je n'ose y croire. Le chemin de fer est soigneusement surveillé, des sentinelles sont placées çà et là..., on entre toujours dans la ville, mais on ne peut en sortir. Le pont est rétabli au moyen d'une passerelle accessible aux chevaux. Les soldats changent de logement ; 16 hommes prennent possession des salons et du premier étage de la Trésorerie générale. Nous avons en plus des officiers dont deux sont malades. Il m'est difficile d'obtenir de la discipline ; un sous-officier m'a cependant promis l'ordre et la propreté. Encore un officier qui s'écrie : « Quand donc tout cela finira? ... » Il est vrai qu'il est souffrant et que dans sa situation on doit aspirer au repos. Le silence règne toujours dans les rues, où l'on n'entend que le cliquetis des sabres ; il semble que ce bruit vous atteint en plein cœur, le système nerveux en est ébranlé. Girardin (le jardinier)se multiplie à l'infini, il est vraiment dévoué. François, le domestique, a peur, on lui ferait faire tout ce qu'on voudrait ; il travaille beaucoup. La cuisinière a abandonné son poste ce soir ; les provisions de vivres baissent, le beurre devient introuvable. Plus de charcuterie ; les épiciers sont installés devant des comptoirs dégarnis ; j'aime à penser qu'ils auront fait quelques cachettes qui nous aideront à vivre.

Les bureaux sont toujours fermés, même ceux de la préfecture.

Le 16 décembre, jour de tribulations de toutes

sortes, impossible de trouver un cheval et un cabriolet pour conduire à Orléans un officier de dragons malade.

Trois soldats boulangers couchent dans le grand salon, ils sont d'une exigence inouie; huit autres sont annoncés. L'armée revient du côté de Chailles, elle passe le pont depuis six heures du matin jusqu'à midi; elle prend la direction des routes d'Herbault par Saint-Lubin, de Vendôme et d'Oucques. Les troupes bivouaquent sur la route de Vendôme. Des malades et des blessés sont ramenés; des fourgons passent sur le pont à cinq heures du soir, ils arrivent par Saint-Dyé. Chefs et soldats sont logés en partie chez l'habitant; des malheureux en logent jusqu'à sept ou huit; même exigence pour la nourriture. Chez M. Beaufils on prend des objets mobiliers tels que vêtements et chaussures. Sur réclamation, un chef s'y rend ; les soldats sont emmenés et remplacés par d'autres. Les rues sont encombrées de soldats ; la ville est toujours silencieuse. Les boulangeries sont occupées le jour pour l'armée, la nuit pour les habitants. Le soldat Hessois est doux et n'aime pas le prussien, il préfère céder la place que de se trouver avec son allié dans une même maison.

17 décembre. Je trouve des troupes sur la route de Vendôme, mais en moins grand nombre. Une partie a repris le chemin de Ménars. Quelques bataillons arrivent à Blois venant de St-Dyé et Chailles. Ils séjournent à peine à Blois et regagnent la route de Paris ; un va-et-vient continuel se fait remarquer ; serait-ce la réalisation de quelques craintes? Je le crois, car on paraît préoccupé, bien

que Vendôme ait été pris le 16. Mercredi soir des voitures sont arrivées et arrivent encore de la direction de Villeromain. La plus forte partie des troupes prend le chemin d'Averdon pour se rendre du côté de Suèvres et Mer, où le prince Frédéric-Charles se trouverait après avoir traversé Blois (il habite, dit-on, chez M. Lionel Lenormant). On suppose que nous occupons Marchenoir, je ne le pense pas, c'est plutôt une retraite. Des plaintes existent au sujet des logements militaires. Les uns sont envahis et ruinés par les dégâts causés au mobilier, d'un autre côté les cultivateurs voient leurs récoltes et leur bétail enlevés.

Deux officiers malades s'en vont à Orléans, ils devenaient insupportables. Quelques soldats occupent encore le grand salon, l'un d'eux ne veut pas se conformer à mes demandes. On peut évaluer les troupes passées à Blois à 25 ou 30.000 hommes; en Sologne il y en avait de 8 à 10.000. Les nouvelles les plus contradictoires circulent et justifient un peu les préoccupations de l'ennemi. Une dépêche télégraphique ainsi conçue serait parvenue à Cellettes: « Sortie furieuse des Parisiens, 50.000 hommes tués, blessés ou prisonniers, canons encloués, l'ennemi cerné dans Versailles ». Autre version: Bourbaki serait en Sologne et viendrait sur Blois etc., il paraît que les combats entre Oucques et Vendôme auraient été terribles. Les mitrailleuses auraient fait merveille; je les ai parfaitement entendues.

18 décembre. Ce matin, les postes des Grouëts s'en vont à Orléans, du moins les soldats le disent. Des reconnaissances de dragons et de uhlans

sont logés, ces derniers à la Trésorerie, au nombre de 18 dont 3 officiers; fourrage, paille, tout y passe. Un fait se produit: Madame Chabaut de St-Gervais ayant souffleté un soldat est amenée avec son mari. M. Pousset, maire, lui rend la liberté, le mari est fait prisonnier. Des explications ont lieu devant le général. Cet événement avait excité la population.

La dépêche d'hier avait été trouvée sur le *Journal d'Indre-et-Loire* et copiée. Des blessés français et prussiens sont arrivés à l'hôpital. 8 canons et 2 mitrailleuses ont été pris à Vendôme et amenés à Blois. En somme, moins de soldats. La maison de M. Yvon est complètement occupée par la force.

19 décembre. La situation n'est pas changée, 20 dragons ont remplacé les uhlans. Les sentinelles placées au pont du chemin de fer laissent passer difficilement. Deux à trois cents prisonniers français sont logés dans l'église St-Nicolas. A leur départ, on leur porte du pain, du vin, de la soupe, des souliers et des vêtements... Triste tableau! suites de la guerre! Le café du Pavillon, en Vienne, est jonché de tables, vaisselle, bouteilles; il avait été abandonné. On lit sur la porte d'entrée des demoiselles R... « Ici habite un aveugle » ; chez un docteur on lit « variole », moyens d'éviter les logements militaires. Aucune nouvelle sérieuse ne pénètre à Blois. Les malheureux sont dans une situation alarmante, il ne leur reste plus que les yeux pour pleurer.

20 décembre. Les dragons ont été turbulents. Aujourd'hui, un officier en plus, c'est un professeur malade; il paraît bien de sa personne, et a pu me prendre quatre lettres qu'il a expédiées lui-

même au moyen de suscriptions allemandes.

Le commandant de place a adjoint à la commission municipale MM. Pernet, Besnard, Lemaignen, Refoulé et Riffault, qui ont demandé et obtenu le concours de l'ancien conseil municipal. Les ouvriers cordonniers sont occupés aux chaussures de l'armée prussienne, ils ne logent pas de soldats. Quelques troupes de ligne se rendent à Chouzy, par le bord de la Loire. Les sentinelles placées près du pont des Grouëts laissent passer difficilement.

21 décembre. Rien de nouveau, si ce n'est l'arrivée à Blois des troupes du 10e corps ; il faut les loger.

22 décembre. Même affluence de soldats à loger et à nourrir ; 38 militaires à la Trésorerie ; à quatre heures il arrive 20 dragons et 2 officiers sans billets. Grâce à l'intervention d'un officier de chasseurs (le professeur) nous ne les subissons pas. Mais quel tracas !... Un soldat entre malgré Girardin, le jardinier; c'est à fuir la maison. On avait demandé 15 voitures sur réquisition du maire, on n'a pu en trouver que sept. Le bruit court qu'une amende de 800.000 francs serait imposée à la ville pour éviter l'envoi en Prusse de MM. Riffault et de Bizemont...

Les militaires logés chez moi sont plus convenables, ce sont des chasseurs de Brunswick (Hanovriens). Il gèle depuis hier soir à 7 degrés. On n'entend que des plaintes de tous côtés. La situation faite aux Blésois s'aggrave ; les vivres diminuent et augmentent de prix.

23 décembre. Un corps de quatorze mille hom-

mes est arrivé à Blois venant d'Herbault et de St-Amand. On avait préparé des billets de logement mais inutilement, chacun devait avoir 2, 4 et 10 soldats (1re, 2e et 3e classe).

Les chefs de compagnie ont choisi chacun leur quartier, afin d'avoir leurs hommes sous la main; de là des abus. Tels particuliers logeaient d'autorité 20, 30, 40, 50, 55 et 60 soldats, alors que d'autres maisons n'en contenaient que 6, mais pas moins ; plaintes, réclamations inutiles; l'habitant était obligé de coucher sur le carreau ou sur le parquet, sans matelas ni couvertures, et de nourrir ces bouches nombreuses ; pas de pain ni de viande en quantité suffisante, que faire ?... Ajouter aux souffrances matérielles les angoisses morales !

Le général de cavalerie Liedewitz, du 10e corps hanovrien, habite la Trésorerie avec son état-major, en tout 18 hommes et 16 chevaux. Des portes sont forcées, on n'entend que des cris dans le quartier. Je suis appelé dans deux maisons habitées par 63 soldats. Il est regrettable que la population ne sache pas parler quelques mots d'allemand ; l'impatience des soldats est due à leur ignorance de la langue française et cependant bon nombre d'allemands connaissent des substantifs français. Nos méthodes d'instruction auraient besoin d'être renouvelées. Des langues vivantes sont actuellement indispensables, la nécessité s'en fait vivement sentir. Grâce à mon intermédiaire, on obtient le calme et l'ordre dans plusieurs maisons. Ce succès m'encourage à travailler ma grammaire allemande.

24 décembre. Aucun changement n'est apporté dans les logements militaires; la moyenne de la dé-

pense, par ménage dans l'aisance, est d'environ 25 fr. par jour ; pour la Trésorerie, elle atteint déjà 50 francs. On attend le pain mis au four pour en obtenir, le bois fait défaut, on ne peut se rendre en forêt faute de chevaux. Les malheureux emportent les bois abattus sur l'orée des forêts. Le beurre se vend 3 fr. les 500 grammes et le sel 4 fr. Les prussiens fêtent Noël ; ils établissent des arbres au moyen de branches de sapin, garnies de bougies et de rubans pris dans les maisons. Des chants, des cris signalent ces réunions de la veille de Noël; des libations accompagnent ces bruyantes réjouissances.

25 Décembre. La soirée a été une véritable fête pour les troupes et un deuil pour les habitants.

26 Décembre. Pas de changement.

27 Décembre. Même nombre de soldats et d'officiers à la Trésorerie. On entend le canon du côté d'Herbault ; pas de nouvelles. M. Blanchon part pour Tours, et Périgueux s'il y a lieu.

28 Décembre. Albert Dreux est arrêté pour avoir bousculé un soldat qui frappait sa mère ; en le désarmant, il se fait de fortes entailles aux doigts.

Le général Liédrich quitte la Trésorerie avec tout son monde, il part pour Vendôme. De l'infanterie les remplace immédiatement : 18 hommes, dont 4 officiers, s'installent à l'hôtel de la Trésorerie.

29 Décembre. Les officiers qui occupent la maison sont : Le général Ludevitz, major commandant une brigade de cavalerie, le baron Puttkammer, le baron Vidinghoff et de Neumann, ses adjudants. Henri Ratté, professeur au collège de Neuss, près

de Dusseldoff. La journée est employée à faire mettre Albert Dreux en liberté, on n'y parviendra que demain. Un aide de camp du général commandant la place de Blois se présente à mon domicile personnel, pour vérifier s'il y a des soldats. Il laisse un ordre écrit pour éviter tout logement pendant 8 jours. Il reviendra. Je devais aller en mission pour l'ambulance du château. Dreux aîné et sa femme couchent à la maison pour éviter la présence des soldats installés chez leurs parents.

La forêt, dite de Blois, est envahie par les malheureux de la ville, ils coupent des arbres destinés à la charpente et les emportent. C'est la suite de la désorganisation des services administratifs ; plus de justice, l'anarchie partout.

Un combat avait eu lieu du côté des Roches et de Montoire. Pour punir les francs-tireurs non prisonniers et leur enlever tout espoir de refuge, l'ennemi entre à Montoire et emmène 60 personnes, y compris des femmes ; arrivées à Blois, quelques-unes ont été mises en liberté.

30 Décembre. Albert Dreux est rendu à la liberté dès le matin, après avoir passé deux nuits au poste avec les habitants de Montoire et quatre francs-tireurs : le départ des troupes est annoncé, mais il y a contre-ordre.

31 Décembre. Un officier allemand est mécontent : on ne soigne pas bien ses soldats, il est trompé (*sic*), il s'irrite ; je lui tiens tête ; il prétend que ses soldats sont enrhumés ; je lui dis qu'il y en a en France qui couchent sur la neige, qu'il est trop exigeant ; en somme, les autres officiers lui

donnent tort. Le canon a tonné toute la journée du côté de Vendôme. Le soir, départ des troupes, infanterie et cavalerie; elles se dirigent sur Vendôme ; branle-bas général dans les logements. A 6 heures rassemblement pour le départ. Les malheureux continuent d'enlever le bois de la forêt. La ville est triste et silencieuse, les rues sont encombrées de glace. Des journaux sont parvenus à Blois, on les dévore. La proclamation du général Chanzy sur ce qui s'est passé à St-Calais n'est que le tableau de la vérité : les campagnes et les villes sont épuisées et ruinées.

1er Janvier 1871. Des coups de fusil ont été tirés vers minuit par les sentinelles, pourquoi? Inutile de le rechercher ; on prétend qu'ils annonçaient le premier jour de l'année; moi je dis que c'était un avertissement aux sentinelles gelées ; du reste toutes les troupes sont sur le qui vive, attendu que le 31 décembre, à 6 heures du soir, l'infanterie et la cavalerie prenaient la route de Vendôme en chantant l'hymne national. Ce départ a lieu en vingt minutes, sans bruit aucun, leur manœuvre touche au prodige. Quand donc notre armée montrera-t-elle semblable obéissance passive et dévouée?... Il est vrai que chaque quartier loge un même régiment; les billets sont inconnus pour eux. L'ambulance du château renferme 550 malades; on veut y amener des soldats prussiens en faisant évacuer ceux des blessés qui consentent à se rendre dans leurs familles, à la condition de ne pas servir la France avant quinze ou vingt jours, Mais ceux-ci ne veulent pas signer d'engagement, le sentiment national se révolte en eux. Journée triste et mêlée d'inquiétudes. Je reçois des journaux, bonheur inespéré ; j'y retrouve la vraie France. Ce qu'ils contiennent, nous le souhaitons, mais nous n'osons y croire.

2 Janvier. Rentrée des troupes parties en toute hâte le 31 décembre ; mauvaise impression des habitants chargés de les nourrir. Le prince Frédéric-Charles est à Orléans.

3 Janvier. Quelques jeunes officiers et un sous-officier descendent dans les cuisines ; je leur fais observer que leur présence y est déplacée. Le sous-officier menace la fille du jardinier, il lui met le poing sous le menton ; scène regrettable : le père Girardin ainsi qu'un docteur allemand interviennent, on menaçait Girardin de l'épée et du violon ; dix personnes discutent ; enfin la querelle s'apaise ; Girardin est obligé de quitter la maison pendant une nuit pour éviter une arrestation. 38 soldats et 10 officiers ont pris leur logement dans l'hôtel.

4 Janvier. On entend le canon et la fusillade du côté de Mont (forêt de Russy). Un mouvement de troupes a lieu, elles se rendent du côté d'Herbault. 6.000 hommes sont à Villebarou, Fossé et Saint-Bohaire ; ils arrivent de Mer sans passer par Blois. 2.000 hommes entrent dans Blois, à 4 heures du soir, pour combler les vides. 40 pièces de canon sont placées autour de Blois ; une barricade est, dit-on, construite sur le pont. Les maisons abandonnées et même simplement surveillées, sont pillées. Un exemple à citer : la maison Caillaud, située près du chemin de fer, a été occupée ; en la visitant, on a trouvé, auprès d'une cheminée, sur le parquet, un tas de cendres recouvert d'un fragment de

rideau. C'étaient des cartouches placées à dessein pour faire sauter l'immeuble.

5 Janvier. Une somme de vingt mille francs a été demandée à la ville, pour payer la nourriture des officiers logés dans les hôtels; sur le refus de la municipalité, messieurs Chavigny et Poulain avaient été incarcérés pendant trois heures. Douze mille francs sont accordés en prenant pour base les prix fixés par les affiches pour la nourriture des officiers; les extra sont laissés à leur charge. Ce matin, de 4 à 9 heures, le 10e corps prend la route d'Herbault avec plusieurs batteries et de la cavalerie. On dit que le prince Frédéric-Charles accompagne son armée.

6 Janvier. Le canon tonne dès le jour; je pense qu'un engagement a lieu entre Herbault, Châteaurenault et Vendôme; à trois heures du soir l'écho du canon se rapproche de la route de Vendôme. Des soldats Hessois viennent manger chez moi à cinq heures du soir et, à six heures, quatre maraudeurs frappent à la porte et veulent la forcer. J'ouvre enfin: ils pillent le beurre, les pommes de terre etc... L'un des soldats avait une fausse barbe, pour en imposer; une vive discussion s'engagea, elle fut terminée par une razzia de vivres. Combats meurtriers à St-Amand, suivis de succès pour les troupes françaises.

7 et 8 Janvier. Fortes patrouilles dans la forêt de Blois et sur Chouzy. Les soldats ne dorment pas, nous les nourrissons à toute heure de la journée. Persécution morale à l'ordre du jour, il faut trouver quelquefois ce qu'on ne possède pas. Repos par suite du dégel.

Du 9 au 12 Janvier. Calme plat.

13 Janvier. Le bruit du canon provenant des forts de Paris se fait entendre, l'écho se reproduit à la butte des Capucins, à la maison Badaillac et à la mienne. Un soldat Hessois a été tué par un français au Bourg-Neuf, à la suite de libations. Une amende de 200.000 francs est infligée à la ville. M. Pousset, faisant fonction de maire, est envoyé au Mans, auprès du Prince Frédéric-Charles, pour éviter le paiement de cette somme. Pas de changement dans la garnison, si ce n'est que les postes sont rapprochés de la ville. On apprend la prise du Mans par l'ennemi qui aurait fait 8.000 prisonniers, l'armée de la Loire se dirigerait sur Château-du-Loir.

14 Janvier. Il circule des bruits sur la reddition de Paris, trois forts seraient pris. Le ravitaillement de la ville de Blois est interdit à Contres, sur l'ordre du préfet français ; c'est une mesure inhumaine et inutile, en ce sens qu'on prive une population de 20.000 âmes, de viande et de menues denrées pour éviter le ravitaillement d'une faible garnison qui sait très bien trouver des vivres chez l'habitant et, au besoin, dans les réquisitions faites à domicile et dans les campagnes.

La neige ne fond pas, une forte gelée, commencée vers le 18 décembre dernier, se maintient et rend plus difficiles les communications. Le soldat allemand en souffre peu, il est mieux vêtu que le nôtre. Son costume se compose, pour l'infanterie, d'un pantalon, avec caleçon, chaussettes, chemise de flanelle, tunique, veste, capote gris de fer à collet se relevant derrière la tête, col, gants sans doigts et très chauds, casque à pointe et casquette ; deux paires de bottes renfermant toujours le pantalon, cache-nez à pointe enveloppant toute la tête, sorte de capuchon dont les deux extrémités sont allongées et servent de cache-nez. Les signes distinctifs des régiments et des compagnies sont brodés sur les épaules et au collet; pour les sous-officiers, sur les bras.

15 Janvier. Rentrée à Blois du 57e régiment d'infanterie, venant d'Herbault.

16 Janvier. Affluence de soldats à la Trésorerie et dans tout le quartier du Foix, même aux Grouëts.

17 Janvier. Départ du 57e régiment d'infanterie pour Châteaurenault. Arrivée à Blois de la dépêche du général Chanzy, qui annonce la retraite de l'armée de la Loire et de celle du général Bourbaki, et fait connaître nos succès près de Belfort. Le bombardement de Paris est également connu ; malgré ces nouvelles peu favorables, on rêve encore quelques succès ; les Français ne veulent pas que la France meure, et cependant on réclame la paix.

18, 19 et 20 Janvier. Pas d'événements à signaler ; quelques bruits de canon, même la nuit ; le 20 janvier arrivée de blessés prussiens venant de Vendôme. La ville de Blois qui avait été condamnée à verser 200.000 francs, à l'occasion de la mort du soldat Hessois, tué dans une rixe au Bourg-Neuf, a réussi à ne rien payer de cette somme.

21, 22 et 23 Janvier. Entrée des Allemands à Tours au nombre de 3.000, dit-on.

24 et 25 Janvier. Une contribution extraordinaire de guerre de 50 fr. par habitant est imposée à la ville de Blois. Le conseil municipal délibère le 25; il refuse le paiement sous le prétexte que la ville a déjà dépensé des sommes considérables pour l'entretien des troupes allemandes. Les campagnes sont également imposées par le Prince Frédéric-Charles. Par suite du refus du Conseil municipal de Blois, M. Chavigny est emmené à Orléans; on lui fait gagner la gare par le boulevard de l'Ouest; il trouve à son arrivée à la gare un train préparé pour les prisonniers. Au moment du départ, Mme Chavigny arrive au bras de M. Douin, mais elle ne peut qu'apercevoir son mari. M. Pousset veut partir avec lui, il prend place dans le wagon, d'où on le force à descendre, et on le conduit chez le commandant de place entre dix soldats. Mme Chavigny, affolée de douleur, se rend dans la maison Bailly; situation cruelle, manifestation énergique des nombreux assistants. La mairie fermée est rouverte pour les besoins des nécessiteux; des bons de pain sont distribués.

26 Janvier. Calme complet à Blois, les uhlans signalent l'armée française à Cellettes.

27 Janvier. Même situation; les maires des communes sont convoqués pour la contribution de guerre, on leur réclame 25 francs par habitant, ils ont jusqu'à lundi pour se prononcer.

28 Janvier. M. Pousset, maire, est arrêté, conduit sous escorte au chemin de fer et transporté à Orléans. A 4 heures un quart, on signale une alerte aux uhlans de la Trésorerie ; c'est

l'armée française qui arrive : la fusillade s'engage du côté de Vineuil, des pièces d'artillerie sont mises en batterie à St-Gervais, le canon tonne dans la direction de Vineuil et de la Boire ; les tirailleurs français et allemands échangent des coups de feu du côté de la propriété Robert Houdin. On aperçoit des Prussiens placés sur les quais et à l'abri de l'octroi de Chailles ; la fusillade devient plus vive, les coups de feu projettent des éclairs. Des cavaliers français arrivent sur la levée de Chailles, ainsi que deux pièces d'artillerie qui lancent des boulets sur le pont, une mitrailleuse est également engagée. Enfin à 6 heures 25 minutes, on met le feu aux mines du pont, un effroyable craquement se fait entendre, on cesse le feu de toutes parts ; le bûcher placé sous la passerelle est allumé par les allemands, l'incendie se déclare. Les troupes prussiennes sont au nombre de 2 à 3.000 hommes.

29 Janvier. Les abords du pont sont soigneusement gardés par les Prussiens (rive droite du fleuve). La nuit est calme, aucun coup de feu. Les boutiques des bouchers, boulangers, marchands de vin, sont envahies par les soldats qui emportent tout ce qu'ils trouvent. Quelques actes de violence ont été constatés, notamment sur Mme Boyer, boulangère. Dès le matin, les habitants courent aux provisions (j'étais du nombre), on craint de ne plus trouver assez de vivres. Je constate des traces d'obus chez M. Jouanneau, tailleur, place Louis XII. Deux obus sont tombés dans une cour du collège, un autre sur la terrasse de Mme de Lamarlière et plusieurs sur la place Denis Papin, en

face de la Préfecture. On dit que les Français (rive gauche du fleuve) sont partis, on ne les aperçoit pas. Une alerte a eu lieu vers trois heures et demie du soir ; de fortes patrouilles parcourent les rues. On entend gronder le canon du côté de Mer, la garnison est sous les armes.

Dans la banlieue de Blois, on arrête trois cultivateurs, les trois beaux-frères ; on les accuse de recevoir des francs-tireurs et même d'avoir tiré des coups de fusil ; ils sont emmenés au poste du chemin de fer et gardés à vue.

La femme de l'un d'eux, déjà atteinte d'aliénation mentale, est malmenée, et son frère, vieillard de 70 ans, reçoit un coup de baïonnette au-dessus du genou en le détournant de sa fille. La population n'a pas dormi et la nuit sera mauvaise. Situation terrible, énervante ! Des coups de feu sont signalés sur le bord du fleuve. Le pont n'a pas sauté, la passerelle est brûlée, moins les peupliers qui la supportaient.

30 Janvier. Les troupes sont toujours dans les rues aboutissant au pont ; des soldats ont pillé la cave de M. Girard et celle de Mme Féron-Réfoulé, ils sont presque tous ivres; ils partent à trois heures pour Herbault, d'autres les remplacent avec six pièces de canon. On parle d'un armistice de 21 jours à partir du 31 à midi. Le Conseil municipal est convoqué pour que cet armistice ait son effet à partir d'aujourd'hui, le Conseil refuse. On fait circuler une nouvelle probablement fausse : « Trochu, à Melun ; Vinoy, sur Versailles: succès de Bourbaki, etc. »..

Les blessés du faubourg de Vienne sont transportés au château au moyen de bateaux sur la Loire. Les habitants sont de nouveau invités à déposer les armes, s'ils en ont, et à ne pas couper les fils du télégraphe ni déranger les rails du chemin de fer.

31 Janvier. Les uhlans rentrent à la Trésorerie et les autres soldats dans le quartier du pont; ils occupent tous les étages des maisons, les fenêtres sont crénelées et les portes barricadées. MM. Dufay et Poulain, membres du Conseil municipal, sont autorisés à passer le fleuve pour se rendre en Vienne chez le colonel français, M. Fourcault. Ils reviennent à une heure, accompagnés du colonel Fourcault et de l'Intendant général M. Louet. Ces messieurs discutaient les conditions de l'armistice (car on reconnait alors qu'il existe depuis le 28 janvier) avec les officiers allemands installés à l'hôtel d'Angleterre, lorsque des scènes très regrettables se produisirent de midi à trois heures en face l'hôtel. Les habitants se groupèrent et parmi eux se trouvaient des soldats allemands en promenade; des cris se font entendre à l'arrivée et à la sortie du colonel français, on crie: vive la France, vive la République! un tumulte se produit, le colonel parle et peut à peine se faire entendre; on prétend qu'il disait: Retirez-vous, soyez calmes. Les soldats allemands dégaînent leurs sabres, en frappent la population qui se sauve et est maltraitée dans sa fuite par d'autres soldats.

Comment une population désarmée ne pourrait-elle acclamer les uniformes de son pays qu'elle n'a pas vus depuis cinquante jours et qui lui rappellent ses enfants?... C'est de la cruauté et de l'infamie ! On tremble en pensant aux conséquences que pouvait avoir une semblable démonstration ; des hommes, des femmes et des enfants portent les traces des coups de sabre sur leurs vêtements et leurs personnes et cela au moment même ou l'armistice commence. Les soldats de service seuls ont été convenables, ils n'ont pas bougé ; on ne saurait s'expliquer ces actes de sauvagerie que par les excès de libations, pendant deux jours, des soldats du 16e régiment et la fausse interprétation de notre langue.

1er Février 1871. Les habitants des deux rives du fleuve passent en barque avec laissez-passer. La passerelle est rétablie sur le pont. La question de casernement n'est pas encore terminée. Un soldat a été tué, 200.000 francs sont demandés, dont 100.000 fr. doivent être versés le 2 février à 8 heures du matin. Un sieur Gatineau, assureur, a été tué cette nuit près du cimetière, je ne sais dans quelles conditions. La circulation est libre dans les rues, on commence à parler des élections, les pessimistes ne croient pas encore à l'armistice.

2 Février. Le chemin de fer amène des Parisiens tout bottés de neuf, les traces de la faim ne se font pas remarquer sur leurs figures. M. Corbin, juge d'instruction et M. Eugène Lemaignen sont conduits à Orléans, à titre d'otages. M. Riffault, ancien maire, s'y trouve déjà pour défendre les intérêts de la ville. Dégel complet.

3 Février. Deux paysans de St-Bohaire ont tiré sur des cavaliers en réquisition ; 18 personnes sont arrêtées et conduites à Blois dans d'atroces conditions. Des maisons et le château de M. Noël ont été

incendiés. Une locomotive est envoyée à Tours par les agents prussiens, dans le but d'inspecter les voies du chemin de fer.

4 Février. Le pont est rétabli. Je me rends à Romorantin auprès de M. Maigne, je mets huit heures pour franchir 41 kilomètres. L'armée française se rend dans cette ville. Le lendemain, je reprends la route de Blois avec M. Chevallier, receveur des hospices, qui m'accompagnait. Malheureusement, le cheval, attelé à une légère voiture, pouvait à peine marcher ; néanmoins notre mission a été accomplie dans de bonnes conditions, mais non sans danger ponr nos personnes et les valeurs dont nous étions porteurs.

6-7 Février. M. Henri Lefebvre est emmené à Orléans et M. Corbin, juge d'instruction, rentre à Blois.

8 Février. Les élections ont lieu dans la salle des États ; on vote par canton dans un tohu-bohu complet, les boites ou urnes, au nombre de quatre, sont entourées d'électeurs, tout le monde veut passer à la fois, l'organisation fait défaut, la réunion se ressent de l'inexpérience des Présidents et assesseurs, tous choisis parmi les hommes parvenus au pouvoir sans autre titre que leurs opinions politiques. Les cartes d'électeurs n'ont pu être distribuées. MM. Bozérian, Thiers, Ducoux, de Sers et Tassin sont nommés députés, MM. Riffault et Boinvilliers viennent après ; le dépouillement du scrutin a duré jusqu'au 9 février.

14 Février. L'avis de la démission de M. Lecanu, préfet, parvient à Blois, ainsi que celui de la révocation de M. Duchange, conseiller de Préfec-

ture. Des soldats allemands se rendent à Mont et autres communes pour faire payer l'impôt de guerre ; plusieurs maires sont à Blois ; la ville elle-même a été mise en demeure de verser demain 130.000 francs.

17 Février. Le Prince royal de Prusse arrive à Blois ; c'est un bel homme, de taille élevée, à barbe épaisse d'un châtain tirant sur le rouge et taillée en cotelettes très allongées; il est coiffé d'une casquette militaire.

18 Février. Visite du Prince à Chambord et retour sur Amboise. Nous versons 130.000 francs au colonel prussien, soit, avec les 50.000 francs déjà payés, 180,000 francs pour un homme tué ; c'est dur ; il nous reste encore 600.000 francs à payer. Arrivée à Blois d'environ 6,000 hommes, à loger sans billets et départ des Hessois.

Du 19 au 22 Février. Des troupes passent et sont remplacées, il reste toujours 5 ou 6000 hommes.

26 Février, dernier jour de l'armistice. Un ordre du jour, émanant du commandant de place, invite les habitants à rentrer chez eux, en cas d'alerte, sous les peines les plus sévères; le pont de bois est garni de combustibles à l'étoupe et au goudron ; ces dispositions sont prises en vue des hostilités, bien que la paix soit, dit-on, assurée ; l'armistice est encore prolongé de deux jours, en tout 28 jours.

27 Février. Les préliminaires de la paix ont été connus par la voie prussienne à minuit et communiqués de suite au public (nuit du 26 au 27 février).

Grande joie chez les Allemands, profonde tristesse chez les habitants, contents cependant de cette nouvelle situation.

Mars. Le 1er, entrée des troupes allemandes dans Paris ; le 3, à 10 heures du matin, départ d'une partie des troupes prussiennes.

4 Mars. Insurrection à Paris.

5 Mars. Départ de la brigade de Blois, composée de 15.000 hommes, pour la plupart polonais.

Enfin MM. Chambert, receveur municipal et Petit-Leturgeon, banquier, rentrent à Blois, porteurs des 200.000 francs dus aux prussiens à titre de contribution de guerre ; mais la paix ayant été signée, la ville se trouvait déliée des engagements qu'elle avait consentis, et par suite aucun paiement n'a eu lieu.

12 Mars. Départ des derniers soldats et officiers allemands logés à la Trésorerie générale et chez les particuliers.

TABLE

www.ingramcontent.com/pod-product-compliance
Lightning Source LLC
LaVergne TN
LVHW020405230826
846091LV00004B/1155
* 9 7 8 2 0 1 3 5 0 1 2 4 8 *